中国少数民族人口丛书

佤族

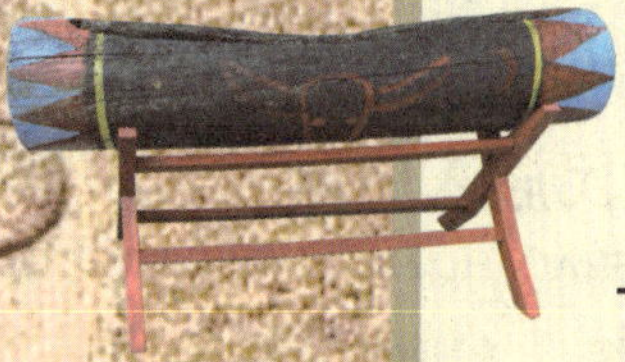

翟振武 主编

熊理然/著

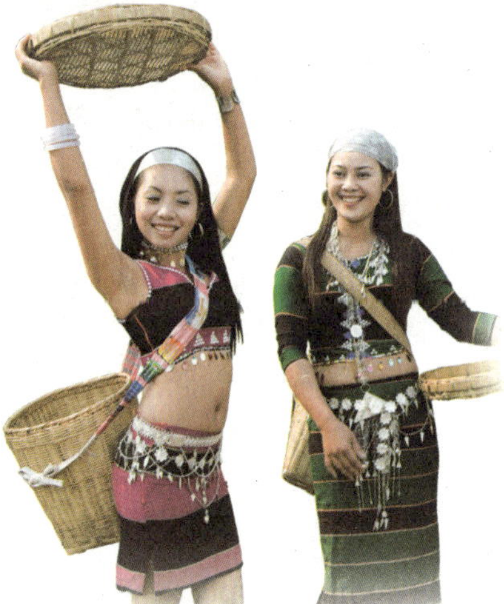

图书在版编目（CIP）数据

佤族/熊理然著.—北京：中国人口出版社，2014.6（2022.7重印）
（中国少数民族人口丛书）
ISBN 978-7-5101-2424-2

Ⅰ.①佤… Ⅱ.①熊… Ⅲ.①佤族—民族文化—中国 Ⅳ.①K285.5

中国版本图书馆 CIP 数据核字（2014）第 067477 号

中国少数民族人口丛书 佤族
ZHONGGUO SHAOSHU MINZU RENKOU CONGSHU WAZU
翟振武 主编 熊理然 著

责任编辑 曾迎新
美术编辑 刘海刚
责任印制 林 鑫 王艳如
出版发行 中国人口出版社
印 刷 北京兴星伟业印刷有限公司
开 本 710 毫米 ×1000 毫米 1/16
印 张 6.75 插 1
字 数 94 千字
版 次 2014 年 6 月第 1 版
印 次 2022 年 7 月第 2 次印刷
书 号 ISBN 978-7-5101-2424-2
定 价 32.00 元

网 址 www.rkcbs.com.cn
电子信箱 rkcbs@126.com
总编室电话 (010) 83519392
发行部电话 (010) 83510481
传 真 (010) 83538190
地 址 北京市西城区广安门南街 80 号中加大厦
邮 编 100054

中国少数民族人口丛书编委会

序

如果把一个民族比作一颗星星，那我们就是生活在一个繁星满天的世界。当今世界上有约3000个民族，分布在200多个国家和地区，绝大多数国家由多个民族组成。中国也是同样，是由各族人民共同缔造的统一的多民族国家。在漫漫的历史长河中，生活在中华大地上的各族人民密切往来、交流融合、团结奋斗、休戚与共，形成了一个伟大的强盛的中华民族大家庭，共同开发了祖国的美好河山，共同推动了国家的发展和社会的进步。

在中华民族的大家庭中，有56个成员，其中有55个是少数民族。新中国成立以来，少数民族人口一直持续增长。1953年第一次全国人口普查时，少数民族人口总数为3532万人，占全国总人口的6.1%。2010年进行第六次全国人口普查时，少数民族人口总量达到了1.14亿，几乎是1953年的3倍，占到了全国13.4亿人口的8.5%。各少数民族人口数量相差较大，如壮族有1693万人，回族1059万人，满族1039万人，维吾尔族1007万人，而赫哲族只有5354人，塔塔尔族3556人，独龙族6930人。中国各民族的人口分布呈现大散居、小聚居、交错杂居的特点。汉族地区有少数民族聚居，少数民族地区也有汉族居住；许多少数民族既有一块或几块聚居区，又散居全国各地。中国少数民族聚居区大都地广人稀，资源富集。少数民族地区的草原面积，森林和水力资源蕴藏量，以及天然气等基础储量，均超过或接近全国的一半。全国2.2万多公里陆地边界线中的1.9万公里在民族地区。全国的国家级自然保护区面积中民族地区占到85%以上，是国家的重要生态屏障。中国各民族的起源和经济、社会、文化的发展有着本土性、多元性、多样性的特点，五彩缤纷，丰富多彩。

要全面认识中华民族，就要从认识每一个民族开始。正是从这个理念出发，我们编写了这套《中国少数民族人口》大型系列丛书，力图从历史、文化、经济、社会等各个方面，用准确、科学、生动的语言，全方位描述和展现各少数民族灿烂辉煌的历史和现状，编织出一幅绚丽多彩的中华民族大家庭的“全家福”。

编写这样一套大型系列丛书，难度非同一般。几经论证和深入研讨，最终形成了编写大纲，这套丛书各个分卷的作者绝大多数由少数民族作家担任，他们不仅熟悉自己民族的历史和文化，而且对本民族有深厚的感情。在国家新闻出版总署、国家人口计生委和中国人口出版社的大力支持下，作者们历经数年，几易其稿，终成此书。值此丛书出版之际，我们衷心地祈愿这幅“全家福”能为民族的交流和团结，为中国的文化建设，为整个中华民族的繁荣昌盛，作出一份微薄的贡献。

翟振武

2012年5月于北京

PREFACE

Every nationality sparkles like a star in the firmament. Now we have about 3000 stars distributed across the world in more than 200 countries, most of which are multinational. So is China, which consists of a number of nationalities. For centuries, all the nationalities have lived together, worked together and fought together, making China a prosperous unified multinational country.

Of all the 56 nationalities in China, 55 are minorities whose population has been increasing since the founding of The People's Republic of China. According to the first census in 1953, the minority population was about 35. 32 million, accounting for 6. 1 percent of China's total population. By 2010, the number had almost tripled. According to the sixth census, the population of the minorities amounted to 114 million, making up 8. 5 percent of the 1. 34 billion people in China. The population size of minority groups varies a lot. Some of them have a large population, for example, the Zhuang Nationality has a population of 16. 93 million; the Hui has 10. 59 million people and the Manchu consists of 10. 39 million people. Some of the minorities are quite small, such as the Hezhe, the Tatar and the Drung nationalities, which have populations of 5354, 3556 and 6930, respectively. China's nationalities live together over vast areas with some living in individual, concentrated communities in small areas.

Some minorities'concentrated communities are scattered among the Hans, and some Han people also live in the minority communities. Some minorities may have one or more concentrated communities, while their people spread all over the country. Most minorities'concentrated communities have their people sparsely distributed in large areas with abundant resources. The grassland, forest, water and natural gas reserves in areas inhabited by minority people account for about half of China's total. Further, 19 000 kilometers of the nation's 22 000-kilometer land boundary are in minorities'communities. In addition, 85 percent of the country's state-level natural reserves are in the minority areas, making the people important guardians of China's ecology. Each of the nationalities'origin is unique, and their development of economy, society and culture is full of variety.

Only by learning every aspect of the minorities'lifestyle can we have a comprehensive understanding of the Chinese nation. Under this notion, we write this series of books on the Population of China's Minorities to provide a detailed picture of our Chinese nation, with the glorious past and prosperous present of the country's minorities.

It is through trials and tribulations that we write this spectacular series of books. Most of the authors, who have profound knowledge of the minorities and wrote the books with their strong emotions, are members of minority groups. With the great support of the National Publication Foundation, the National Population and Family Planning Commission and China Population Publishing House, the authors completed the books after years of unremitting endeavor.

On the publication of this series of books, we are looking forward to seeing these books contribute to the unity of the Chinese nation and help our country flourish in the future.

Zhenwu Zhai
Beijing
May 2012

目录

Contents

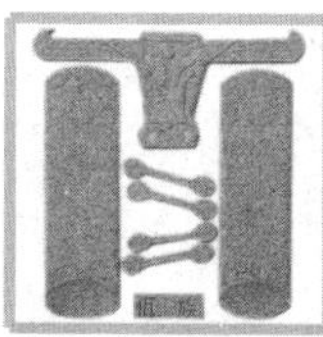

综　述

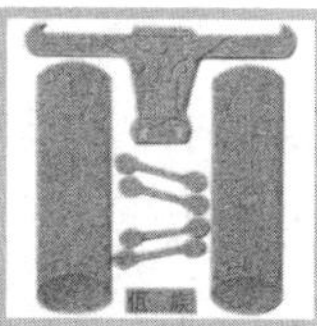

在中国西南边疆的大山深处，世界第六大河——澜沧江清澈的江水顺着横断山脉纵向奔涌而来，以 1700 余公里的流程划过东南一角，细心养育着一片安静神秘的土地。这片土地因靠近澜沧江而得名临沧，同时也因为澜沧江的灵气而生机勃勃。北回归线横贯这块 2.4 万平方公里的土地，240 多万各族儿女在这里繁衍生息，造就了物华天宝的人间仙境。当人们走进这片秘境，很容易感受到人与自然的和谐相处，感受到历史纬线轻柔的触摸，感受到多姿多彩的民族文化。

在神奇、秀美、云雾缭绕的阿佤山上，生活着一个勤劳、勇敢、历史悠久又充满着智慧的民族——佤族。古老的民间史诗传说《司岗里》、神秘的巴格岱司岗里溶洞追溯着佤族的久远族源，3500 年前的沧源崖画记录了远古时期佤族人的生产生活及其最古老的文化，“星月历”是佤族先民长期劳动经验的积累和勤劳智慧的结晶。还有久远的万物有灵信仰、神秘的魔巴咒语、奇异的通天神器木鼓、勇武的剽牛和砍牛尾巴、奇异的猎头祭谷、如醉如狂的舞蹈、虔诚野性的信念、热烈赤诚的祭拜、极具特色的连名制、热情好客的酒礼、“摸你黑”狂欢节、孕历史文化于其中的节庆、摇曳身姿的董棕林及返璞归真的翁丁佤寨。这是一个充满激情而又浪漫的民族，他们以落拓不羁的性格，神奇动人的风俗，赋予了世界佤乡——临沧大地、阿佤山区绚丽多姿旖旎无比的景致、旷世久远的意境与惊奇、独具特色的生机与魅力。

佤族是一个跨界民族。生活在中国临沧和普洱境内的佤族，占中国佤族总人口的90%以上，主要居住在临沧市的沧源佤族自治县、耿马傣族佤族自治县、双江拉祜族佤族布朗族傣族自治县、永德县、镇康县，普洱市的西盟佤族自治县、孟连傣族拉祜族佤族自治县、澜沧拉祜族自治县以及西双版纳傣族自治州、德宏傣族景颇族自治州的部分地区，其中沧源县和西盟县两地的佤族占中国佤族总人口的50%以上，是佤族的主要聚居县。经过历史的迁徙，逐步形成了如今大聚居、小杂居的地理分布格局。跨界分布于国外的佤族主要生活在缅甸靠近中国边境一侧的广大地区，人口规模大于中国境内的佤族。

云南省沧源县翁丁佤寨 （蔡晓洪摄）

佤族是现今云南省南部的土著居民及最早居民之一。佤族的先民秦汉以前称“濮人”，两汉两晋时期称“哀牢”，隋唐时代称“望蛮”、

“朴子蛮”、“茫蛮”，宋元时期称“金齿”，明清称为“古喇”、“生蒲”、“大佤”、“小佤”等。国内学术界一般认为永昌濮人是佤族的先民。而据相关考证，濮人可能源于佤族对人的称谓和自称，佤语至今仍称人为“pui（布衣）”或“phui（濮衣）”，自称为“布饶”。不仅濮人一说源于佤语，一些学者认为“永昌”地名也可能源于佤语。在佤语中，“永”为寨子的意思，“昌”为人名，“永昌”即“昌”建立的寨子。据佤族的主要聚居区——云南西盟一带的传说，昌指的是艾昌，艾昌是女王叶东与达亚的二儿子，他与同母异父的哥哥达太上来在大理、保山一带建立了大寨子，所以取名为“永昌”。除永昌外，永平、永寿、永腊、永德、永丁、永东等均为佤语地名。关于“哀牢”，有族名和地名两种说法，学术界一般认为大概先有族名后有地名，即哀牢山和“哀牢国”源于“哀牢”人，而“哀牢”人则为永昌濮人。

唐代樊绰所著《蛮书》记载的“望蛮”、“朴子蛮”和“茫蛮”，是濮人和哀牢的后裔。“望蛮”包括现今澜沧县绍帕、绍兴等地的佤族。至今他们仍自称为“望”（佤）的后代。布饶人和一部分布朗族则是“朴人”的直接后裔。从古至今他们一脉相承地自称为“濮”（古代苞、朴、蒲、普、扶、卜、磅均指濮人，当为同音异译）。而“茫蛮”大概是因部落酋长称谓而得名，因佤族至今仍称头人为“阿茫”、“西茫”、“拉茫”等。据说山通、岩城（境外）一带的赛叟氏家族便属于阿茫的后裔。宋元时期的“金齿”夷，就总体而言指的是佤族、德昂族的先民，有小部分为掸傣民族。《马可·波罗行记》记载的“金齿”，“肉米共食”，饮“水酒”等习俗，至今仍保存在佤族文化里。“金齿”可能源于古代“凿齿濮”习俗。“凿齿”是古代濮人、僚人保存灵魂和壮大家族生命源流的一种方式。明清时期对佤族先民有“哈杜”、“哈喇”、“哈瓦”、“卡佤”等不同称谓。1962 年，根据本民族人民的意愿，经国务院批准统一改称为佤族，意为“住在山上的人”。

佤族是一个正义而又善于抗争的民族。1796年（清嘉庆元年），佤族人民与毗邻的兄弟民族一道，为反对土司“连年苛税逼甚”，在勐勐土司地区首举义旗。19世纪末，佤族人民坚决反对中英签订的《中缅未定界条款》，并联合其他部落，严惩枪杀佤族群众的侵略者和叛国败类，挫败了帝国主义分子妄图使佤族人民脱离祖国的阴谋。抗日战争时，佤族人民高举抗日旗帜，组织了抗日游击组织，粉碎日寇进攻，捍卫了国土安全。

自从佤族人民走上社会主义道路、特别是改革开放以来，在国家实施西部大开发战略，开展兴边富民行动和社会主义新农村建设的强力推动下，佤族地区的农业、工业、交通、通信、文教、卫生等各项事业都得到了前所未有的发展。近年来，中国佤族司岗里“摸你黑”狂欢节、中国佤族木鼓节等向外界全面展示了佤族文化的丰富内涵，进一步打造了佤族文化品牌。司岗里佤族文化生态村、沧源崖画、翁丁原始部落、勐来原生态走廊等旅游景点让游客流连忘返。佤族地区的旅游业发展迅速，阿佤山已成为广大游客旅游观光的理想目的地。一个经济发展、民族团结、社会进步、边境安宁的新佤山正向各族人民揭开神秘的面纱，在建设边疆民族地区全面小康社会的征程中快步向前。

中国临沧、世界佤乡，一片神奇、秀美、富饶的土地，一个古老、柔情、彪悍、智慧的民族。

第一章

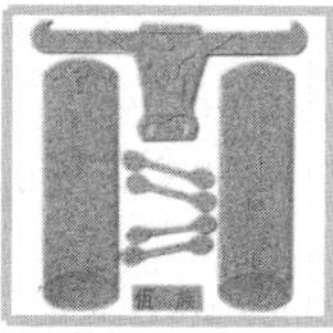

妙曼传说《司岗里》

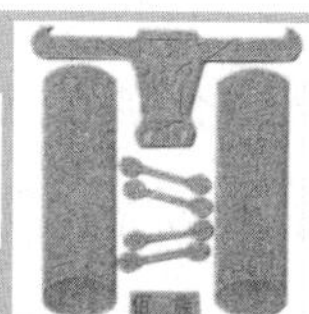

在中国的少数民族中，对于本民族的起源都流传着一个美好的神话传说。阿佤山区人们家喻户晓的口头文学、古老的民间史诗传说《司岗里》，记述了佤族的源起及其与其他民族的关系。

第一节　古老民间史诗《司岗里》

一、古老的民间史诗传说《司岗里》

《司岗里》是阿佤山区佤族人民民间流传的古老传说，是佤语里最神圣的词语。《司岗里》是佤族先民在对远古生活认识的基础上，采用现实性和幻想性结合的方法，为我们描绘了一幅关于佤族起源及其早期生活的画卷。但是在不同地区的佤族民众中，对"司岗"的解释和理解稍有差异。在云南省西盟佤族自治县，佤语"司岗"指的是石洞，"里"是出来，"司岗里"的意思即人是从石洞里出来的。云南省沧源佤族自治县等地的佤族认为"司岗"指的是葫芦，"司岗里"意为从葫芦里出来的人。由于各地佤族民众对“司岗里”的说法不一致，因此学术界对“司岗里”的解释也有所不同，有的认为是佤族先民对远古穴居生活的回忆，也有的认为是佤族古代先民对女性生殖器的崇拜。虽然各地佤族对“司岗里”的解释有所不同，但他们都把阿佤山区视为本民族的发祥地，这说明他们在阿佤山区居住的时间已非常久远，佤族人是阿佤山区最古老的居民之一。

古老的民间史诗传说《司岗里》不仅传述了阿佤人民的起源，也记述了佤族社会经济的发展进程。根据西盟佤族自治县马散大寨佤族的传说，把《司岗里》译为汉文，一万多字的《司岗里》记述了远古阿佤人民的生产和生活。其中关于人是从石洞里出来的记述，反映了阿佤人民对远古时代穴居生活的回忆；与野兽为伍的相关记述，反映了远古阿佤人民处于狩猎时代的生活；关于求谷神的传说，说明阿佤社会开始从狩猎时代进入农耕社会。除此之外，《司岗里》还有关于雷神与姊妹通婚、利格比与格雷诺关系变化的相关记述，这在一定程度上反映了古代佤族社会已经从母系氏族阶段过渡到父系氏族阶段，在婚姻方式及制度方面则反映了远古佤族人民从原始群婚发展到对偶婚、再到一夫一妻制婚姻关系的演变。①

如同黔东南地区苗族人民当中广泛流传的民间故事把苗族、侗族、汉族传说为同一起源一样，在《司岗里》的记叙中，佤族、汉族、拉祜族、傣族及其他少数民族亦为同一起源——“司岗里”。据《司岗里》的记述，从“司岗里”出来的第一个人即是佤族的祖先岩佤，因此，佤族就排行老大。在佤族的创世史诗《司岗里》传说中，不仅人类出于“司岗”，而且佤族生活中很多相关的物品也被认为是从“司

① 《佤族简史》编写组．佤族简史．民族出版社，2008.

岗”带出来的，甚至一些习俗也出自“司岗”，仿佛“司岗”就是一个无所不有的宝库。因此，《司岗里》记述的内容极为丰富，司岗里文化博大精深，涵盖了佤族的木鼓文化、剽牛文化、饮食文化、建筑文化、服饰文化、歌舞文化、酒文化等等。

二、阿佤民族的起源和变迁

由于佤族生活的地域地处中国的西南边陲，远离当时的政治经济文化中心，因此古代中原王朝的相关文献对佤族历史的记述较少，且佤族对本族群早期的历史发展也缺乏文字记载。但根据已有的相关文献及佤族的传世史诗《司岗里》的记述进行推断，佤族被认为是云南最古老的世居民族之一，是古“濮”人的一支。佤族先民历史上曾经有不同的称谓。秦汉以前称“濮人”，汉晋时期称“哀牢”，隋唐时代谓之“望蛮”、“朴子蛮”、“茫蛮”，宋元称“金齿”，明清时期则称“古喇”、“生蒲”、“大佤”、“小佤”等。据相关文献记载，东汉时期居住在永昌郡（今保山地区一带）的哀牢人与佤族有族源关系。关于“哀牢”，现有族名和地名两种解读，一般认为大概先有族名后有地名，据《华阳国志》：哀牢山和“哀牢国”源于“哀牢”人。而“哀牢”人为永昌濮人，“哀牢”当时为濮人中经济文化比较发达的一支。唐朝以后，对佤族先民的史料记载逐渐增多且内容也渐为明晰，但仍未出现佤族的明确族称。当时文献中所提到的“望蛮外喻部落”、“望苴子蛮”，被认为就是佤族的先民。其理由是：“望”和佤族自称“佤”、“卧”和“乌”，都是以浊擦音做辅音，仅元音略有变化，“望”和“佤”声母、韵母相同，仅有元韵尾的差别。而且至今有的佤族还自称“望”。“望”是民族自称，“苴”为彝语，“子”是汉语，“望苴子”可能是汉人记载南诏时对望人的称谓。“望外喻”，“望”即望人，“外喻”

是一部落的名称。因此，大体说来，望、望外喻、望苴子应是同一族体，或许也就是现今的佤族先民①。

唐代樊绰所著的《蛮书》记载的"望蛮"、"朴子蛮"和"茫蛮"，是濮人和哀牢的后裔；"望蛮"包括现今云南省澜沧县拉祜族自治县芒景、打岗一带的布朗族和绍帕、绍兴等地的佤族，该地区的居民至今仍自称为"望"（佤）的后代。《新唐书》、《蛮书》、《文献通考》等相关史料中有关"用木弓短箭，簇傅毒药，中者立死"，善用竹弓，入林"射飞鼠无不中"，"无食器，以芭蕉叶借之"，"裸身"，"身无衣服"和"山居而勤苦"等的零星记载，从某种侧面反映了当时阿佤山区的佤族以及同一地区同一语支的布朗族和德昂族还处在狩猎、采集、多养家畜和初期农业经济时代。而据《新唐书·卷222·南蛮传》的相关记载，唐时的南诏统治者曾经从望蛮中征兵服役，"凡出征以望苴子为前驱"，而"望苴子""善于马上用枪铲"，则从一个方面说明这时的阿佤山区居民已经使用了铁制武器，铁制工具也开始应用于农业生产。

从元朝至清朝初年，有关佤族的记载依然很少。据《百夷传》、《滇南杂志》、《续云南通志稿》等资料中记载的"居山岭，种苦荞为食"，"民不勤于务本，不用牛耕，惟妇人锄之"，"迁徙无常"，"亦耕种，有寨落"，"耕种杂粮，外捕猎为食"这些资料来看，说明佤族社会较之唐代有了显著的发展，已从狩猎、采集为主的渔猎经济时代过渡到以定居和种植为主的农业经济时代。但当时佤族的农业生产还具有经常迁徙的性质，后来便渐趋定居。这一推断也可以从佤族山寨的建寨历史得到印证，阿佤山区现有的佤族村寨，多数在250～500年之

① 田雪原主编．中国民族人口·第二十六卷·佤族人口．中国人口出版社，2005：447.

间，这表明他们从狩猎、采集和迁徙农业的不定居生活发展到以农业生产为主的定居生活在300～500年的时间。但是，当时佤族地区的农业生产依然是相对落后的，通常是只种旱地，不种水田，尤其在山区还存续着刀耕火种的原始生产方式。除此之外，阿佤山区存在的“生佧佤”和“熟佧佤”之分，也反映了佤族社会发展的不平衡。居住云南镇康、永德等地的佤族，由于与傣族和汉族发生经济文化联系较早，社会经济文化关系亦较密切，元明以来就逐步形成了与傣族、汉族交错杂居的局面，较早地接受了汉族和傣族的农耕文明。同时，由于长期受傣族的影响和傣族土司的统治，云南镇康、永德等地佤族居民的社会经济、政治制度也逐渐纳入了封建领主制的范畴。随着中原汉族移民的进入，汉族封建地主经济的生产经营方式逐步冲击并逐渐瓦解了当地的封建领主经济。因此，在与汉族、傣族交错杂居或受他们影响较大的云南镇康和阿佤山边缘地区的佤族，其农业生产方式比较先进。而阿佤山中心地区，如云南西盟地区的佤族，其农业生产方式则比较落后，还处在半原始农业阶段。

在新中国成立以前，西南边疆各族群的自称和他称都相对繁乱。1962年，根据本民族人民的意愿，经国务院批准，统一将自称“佤”、“巴饶克”、“布饶克”、“阿佤”、“阿卧”、“阿佤莱”、“勒佤”及他称“拉”、“本人”、“阿佤”、“佧佤”的族群改称为佤族，意为“住在山上的人”。

第二节 巴格岱“圣地”与“染曲姆”

一、阿佤山巴格岱“圣地”

阿佤山区及其佤寨 （谢坚摄）

自远古以来，佤族人民主要生活在澜沧江和萨尔温江之间、怒山山脉南段的“阿佤山区”。在缅甸主要是分布在佤邦，在国内主要分布在云南省西南部的沧源、西盟、澜沧、孟连、双江、耿马、永德、镇康等县的山区与半山区。阿佤山区在地貌上属典型的中高山峡谷地带，这里群山矗立、层峦叠嶂、山脉纵横，境内主要分布有西盟山脉、拉斯龙山脉、盘龙山脉等，山脉大都为南北走向。阿佤山区河溪密布，河流属怒江水系，主要河流有库杏河、勐梭河、新厂河，河流交叉分

布，呈树枝状由北向南注入南卡江。受到孟加拉湾西南暖湿气流的影响，阿佤山区属于典型的亚热带海洋性季风气候。

云南西盟一带的佤族认为其民族起源最神圣的神话“司岗里”的意思即人是从“巴格岱”的一个石洞里出来的。“巴格岱”这个神圣的地方位于阿佤山中部，在1961年中缅重新划界的时候划归了缅甸。尽管如此，佤族人至今都还视“巴格岱”为本民族起源的“圣地”，中缅两国的佤族人民每5年还会举行一次祭祀活动。国内到过“巴格岱”的阿佤人回来时还会把那里的山崖岩洞、自然地物、溪水飞瀑、树木花草、飞禽走兽、蓝天白云绣在他们的衣服上，以示对发源地的怀念。

二、记录远古佤族人生产生活的“染曲姆”

保存于佤族人民生活地区的沧源崖画是我国目前所发现的最古老的崖画之一。因崖画主要分布于云南沧源佤族自治县的猛省、曼帕、丁来、吴良等地海拔2000米以上的山崖上，故一般称其为沧源崖画。据考古测定，这些崖画产生于3000多年前的新石器时代晚期，主要是用手指或羽毛、树枝等工具蘸抹红色颜料刻绘而成。现能辨认的崖画，其内容主要是以狩猎、采集等生产活动、娱神等宗教活动及战争凯旋图为主。风格粗犷古朴，是研究该地区远古文明及南方古代少数民族历史的重要资料。同时，沧源崖画的历史及艺术价值对现今的民族艺术创作也有着重要的借鉴和启迪作用。

在云南沧源的佤语里把崖画称为“染曲姆”，意为岩石上的画。崖画刻绘所用的颜料与崖画发现地的赤铁矿成分基本相同，这说明崖画颜料是以赤铁矿粉和某种黏合剂调制而成的。因其选用材料的缘故，崖画会随着日照时间、天气阴晴、干湿冷暖等环境的变化不断地变幻色彩，当地人说它是“一日三变，早红午淡，晚变紫”。现今发现并能辨认的崖画，在内容上由人物、器物、房屋、动物和神话人物、自然、符号、手印七大类构成。尤其是人物和动物形象千姿百态，栩栩如生，独具风格。人物形象基本是正面，且省略细部，图形均作剪影，不绘五官，也少有手指、脚趾，偶也作三只指趾，个别有四指、五指。崖画描绘的场面大、人物小。沧源崖画的创作大致出于以下原因：一是宗教性的，主要是模拟巫术的产物，祈求丰产仪式的遗留，崇拜神祇的画像及重要仪式的描绘；二是原始记事，主要是重大事件的记录及神话传说的记载。

沧源崖画 （邓启耀摄）

由于早期的佤族人民没有文字，因此，沧源崖画在一定程度上记述了当时佤族先民的生产和生活，是一部极为珍贵的民族历史典籍。2001 年 6 月 25 日，沧源崖画作为新石器时代的珍贵文物，被国务院批准列入第五批全国重点文物保护单位名单。

三、“中国最后一个原始部落”——翁丁古寨

从沧源佤族自治县西行数十公里，在山峦环抱、翠荫四绕、白雾依稀之中，便可见到“中国最后一个原始部落”——翁丁古寨。在佤语中，“翁”为水，“丁”为接，翁丁意为连接之水。在翁丁寨生活着传承了4000多年的佤族人民及其独有的佤族文化，保留了原始佤族民居建筑风格和原始佤族风土人情，是迄今为止保存最为完好的原始群居村落，因而被国家地理杂志誉为“中国最后一个原始部落”。在寨中，牛头、牛头桩、寨门、猎头桩、沙拉房、木鼓房、寨桩、民居、樯林等记述佤族历史、倾诉佤族人民故事的建筑和景象随处可见，堪称佤族历史文化的自然博物馆，翁丁就如同阿佤山的缩影一般，记录着佤山的远古和现在。

云南沧源县翁丁佤寨　（蔡晓洪摄）

第三节 住在山上的人

在历史上，佤族人民虽然以阿佤山为中心呈现聚居状态，但也具有与其他民族交错居住的特点，尤其是自元明以来，中原汉族人民迁入西南地区，居住在云南镇康、永德地区的佤族就和傣族、汉族形成了交错杂居的局面。在云南西盟、沧源及周围各县的佤族人也与生活在阿佤山区的汉族、拉祜族关系加强。具体表现为汉族移民进入到阿佤山西北部的班洪、班老、永邦一带开采银矿，以及随着傣族、汉族移民的迁入，相继把佛教、基督教带入阿佤山区，以宗教为媒介的各民族之间的相互联系得到了进一步加强。

从居住空间上来看，目前佤族人口在宏观上呈现大聚居小杂居格局。据2010年第六次全国人口普查数据，2010年我国境内共有佤族人口429 709人，其中居住在云南的佤族人口有400 814人，占全国佤族人口的93.28%，全国其他省份佤族人口共28 895人，只占6.72%。因此，我国境内的佤族人口主要聚居在云南。

云南省内的佤族人口主要聚居在以沧源佤族自治县和西盟佤族自治县为中心，环澜沧、孟连、耿马、双江、永德、镇康等八个县的中缅边境地带。其中，沧源和西盟两个佤族自治县的佤族人口占到了全国佤族人口的47.88%，占云南省佤族人口的51.32%。沧源、西盟、澜沧、孟连、耿马、双江、永德、镇康八个县的佤族人口占全国佤族人口的87.76%，占云南省佤族人口的94.09%。因此，佤族人口的地理分布呈现出明显的大聚居格局。

佤族人口除了呈现出大聚居的空间格局外，还呈现出分散聚居的空间形态，在长期的迁居过程中，形成了以聚居区为中心的北、东、

南散居区。在北面，主要散居于保山市的腾冲县、施甸县、隆阳区、昌宁县和德宏傣族景颇族自治州的梁河等县；在东面，主要散居于思茅、景谷等县；在南边，主要散居于西双版纳傣族自治州的勐海、景洪、勐腊等县市。在以上佤族散居区中，佤族依然保持了本民族居住的相对集中，形成了以村寨为单位的聚居，这部分聚居人口相当程度上保留了本民族的语言、服饰、风俗等民族特性，而分散居住于其他民族占多数的村寨中的佤族人，则与其他民族融合的程度更为显著。

第二章

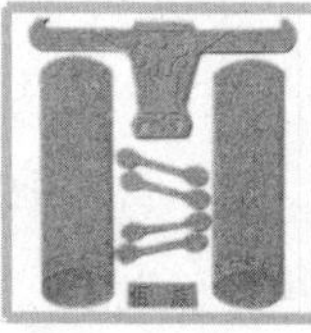

古老佤寨　多姿生活

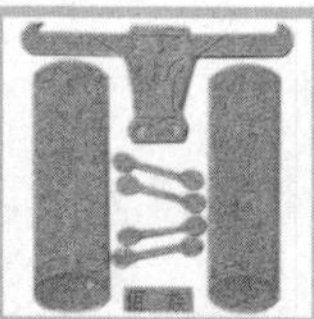

第一节　以家庭、家族、村寨、部落为主的社会组织

虽然佤族是一个古老的民族，很早就在阿佤山区繁衍生息，但在新中国成立以前的漫长历史长河中，由于自然环境的限制和人文社会环境的制约，佤族社会大多还处于原始社会后期发展阶段，其社会组织形式主要以血缘家庭、家族、村寨、部落为主。1949 年以来，佤族人民的生产生活发生了翻天覆地的变化，但其社会组织形态仍然具有明显的历史传承性。

一、家庭、家族、村寨和部落

婚姻是组成家庭的基础之一。佤族的婚姻形式属于典型的一夫一妻制。过去在个别地区，佤族社会曾经存在个别一夫多妻的现象，但这并不构成佤族社会多妻制的婚姻形态，在拥有多个妻子的佤族家庭中，各妻子之间具有同等的权利和义务，也具有同等的社会地位和家

庭地位，只是在具体的家庭中，在生活待遇方面，出于丈夫的偏爱，可能存在着一定的区别。在日常生活中，各个妻子可以住在一起，也可以分开另居，形成经济上半独立性的小家庭。

在家庭组织之上是家族，家族是由源于同一祖先的多个家庭组成的社会组织。在佤族社会，起源于共同祖先的若干家庭，拥有共同的姓氏，构成一个家族。在佤族家族中，拥有严格的婚姻禁忌，在同一家族内，禁止同姓人通婚，即严禁家族内婚。在佤族的家庭中，一般来说，儿子有继承父母财产的权利和赡养父母的义务，女儿不具有继承权，如果这个家庭没有儿子，同族人则有继承财产的权利。同族人有权利和义务购买贫困者出卖的土地和子女，有相互帮助、抚养遗孤的义务，也有代为还债的义务。因此，家族在佤族社会当中，不仅仅是一个社会组织，同时还兼有一定的经济职能和社会功能。一般同一个家族有共同的祭祀活动，有些家族还有共同的墓地，每个家族都会选出自己的族长，族长在家族中享有很高的权威，并有权处理家族的内部事务。

佤族村寨　（谢坚摄）

佤族的居民点主要以村寨的形式构筑。佤族村寨有大有小，村寨大者有三四百户，小村寨一般数十户，阿佤山区的佤族村寨一般在一百户上下。村寨为较大的居住单位，每个村寨一般都包括数十个小寨（或称为居民点）和一至十个家族单位，小一点的村寨一般是一至两个家族。在 1949 年以前，佤族村寨内部虽然已经发生了贫富和阶级的分化，但依然保留有浓厚的原始公社制色彩，也会组织相关的集体活动。一般的政治活动及对外军事活动，基本上是以村寨为单位进行的。凡是比较大的宗教活动也都以村寨为单位举行的，如做水鬼、拉木鼓、砍牛尾巴和猎人头祭谷等。

随着社会的发展及氏族的消失，佤族历史上按氏族组成的部落也逐渐消失了，代之而起的一些部落组织则主要是在村社基础上形成的。在云南西盟佤族地区，影响比较大的主要有马散、永广、翁戛料等三大部落和岳宋等若干小部落。在马散部落中，包括了马散、班哲、莫斯美、阿莫、班菁和中课等 10 个村寨，40 余个小寨（自然村或称居民点），1 万多人。在佤族的部落内部，村寨之间互不猎头，由于同属于一个部落，即便误猎也能比较容易地协商解决，不致形成仇家。

在佤族村寨，如果遇到大事要事，若干村寨经常会结成临时性的同盟关系。这种结盟关系大多是一种为了壮大实力而形成的临时性同盟，因某一事件或某一纠纷械斗发生时双方利益一致而联合起来，但事过或利益一致性丧失后，这种临时性的结盟关系也随之结束。

这种以村寨（即原始农村公社）为单位的分散的政治状态，是与其村社制自然经济相适应的，尤其是旧时代的“猎头”习俗和由此产生的村寨仇斗在一定程度上强化了这种政治关系。云南西盟佤族社会组织的这种特点，表明其社会发展大体还处在原始社会的部落和部落联盟阶段。因此，新中国成立后，为了推动佤族社会的发展进步，这

才有了阿佤山区的“直接过渡”性质的社会变革，阿佤山区也就成了典型的少数民族直接过渡区。

二、窝朗、头人、魔巴和头人会议

戴着红包头的“窝朗”　（邓启耀摄）

在传统佤族社会，窝朗、头人和魔巴是佤族社会的政治和宗教管理者。一般来说，每个佤族村寨都有一个大窝朗和若干小窝朗。在佤族村寨，窝朗是木鼓房的专职管理者，因此，窝朗的数量与村寨中木鼓房的数目大体一致。大窝朗管理全寨性的木鼓房，各小寨的小窝朗管理各小寨的木鼓房。佤寨中，窝朗的产生是从最早建寨的一姓人中选举出来的，若同时由几姓人建寨，则由这几姓人杀鸡看卦产生，哪姓人的卦好，就由哪姓人当窝朗。在佤族村寨，窝朗产生后便可以世代传承与世袭。最初的时候窝朗的职权很广泛，包含了负责管理村寨中的宗教、政治和其他一切事务。但是在新中国成立前夕，佤寨中窝朗的职权范围已经大大缩小，甚至虚位化了，更多的是只具有象征意义。在云南西盟佤族中心地区，如马散和岳散等寨，窝朗名义上还是村寨的领袖，享有一定的威信，但实际上他所管理的只是宗教上的某些事物，其他事务则由头人负责管理了。在以西盟为中心的边缘区佤族村寨，如中课寨等，窝朗实际上已是可有可无。而有的村寨已经没有窝朗了，他原先的职权完全被头人所代替。因此，随着佤族社会原始农村公社制的解体，大部分佤族村寨的窝朗已经没有，即便设有窝朗，其职权已大大虚位化了。①

佤寨的“头人”是汉族人的称谓，佤族民众自称“扩”（泛指头人或年老的人）或“达”（小辈对长辈的称呼），意即老人，或称“函永”和“函痕”。“函永”，意思是管理寨子的人；“函痕”，是指能说会道、善于办事的人。因此，从词义我们也可以了解“头人”在佤寨的地位和职权。一般来说，佤寨的头人与老百姓是平等的关系，如果头人不能公平地处理寨内事物，或者做错事情，或者假公济私，就会在民众当中失去威信，民众也就不再信任他，也就不会找他办事或处理事情了，“头人”在佤寨中也就难以立足了。随着与周边其他民族交往的增多，拉祜族所称的客长、新官和管事等，傣族的岗勐、波勐、庞勐、曳勐和根勐等称谓，甚至是国民政府时期的保长和甲长等称谓，也逐渐为佤族民众所接受。

佤寨的头人是在私有制出现以后，随着阶级分化和村社制瓦解后从富裕阶层中经推选产生的，带有比较浓厚的原始民主制色彩。如果说窝朗具有比较原始平等的全民特色，那么头人虽然也保留着一些原始平均的成分，但却具有了较为浓厚的阶级色彩。随着阶级进一步分

---

① 《佤族简史》编写组．佤族简史．民族出版社，2008：65～68.

化和阶级社会的形成，头人发展成为专门管理村寨公共事务的统治者。佤族的头人大多数是通过群众推选出来的，能够被推选为佤寨头人一般需要满足下列条件：一是家庭比较富裕；二是善于为民众讲话办事，对内公平及对外勇敢等。在上述两个条件中，家庭经济条件是最主要的。因此，佤寨的头人大多数是富裕户，头人威信的高低，也以经济条件的好坏为转移。在佤族村寨中，头人有“大头人”、“小头人”之分，所谓“大头人”，是威信较高且负责全寨事务的主要头人；而小头人，也具有一定的威信，他们是家族长或管理小寨和协助大头人办事的人。但是，大小头人之间并不存在明显的从属关系和上下级关系，也没有明确的分工，遇到大事，一般会召开头人会议共同商量决定和进行处理。①

在传统佤族社会里，“魔巴”是专门从事宗教或祭祀活动的人。“魔巴”的称谓并非佤族本创，而是来源于拉祜语，佤族自称“奔柴”，意即“做鬼”（佤族的宗教活动，当地汉族泛称为“做鬼”）的人。因此，佤族的“魔巴”类似于其他民族的巫师。在佤族社会，老百姓的宗教迷信观念很深，遇事便会请魔巴看卦做鬼。担任魔巴的多是佤寨当中受尊敬的老年人，由于他们知道的事情较多，所以他们在群众中也有一定的威信，对佤族社会及政治生活亦有着相当重要的影响。例如，在械斗或猎头之前，都要由魔巴看鸡卦，卦好则出兵，不好便罢兵。判断偷盗，也由魔巴看鸡卦来决定。对佤寨习俗及习惯法的解释，老百姓也多请教于魔巴。魔巴的产生与头人一样，是一种自然传承和沿袭的过程。谁会“做鬼”而且知道的事情（包括传说、历史和习惯规范等）多，而且在民众中具有一定的威信，谁就具有当魔巴的条件

① 李洁．临沧地区佤族百年社会变迁．云南大学博士学位论文，2001：55．

了，如果人们经常请他“做鬼”，称他为魔巴，久而久之也就成了魔巴。

在佤族日常生产生活当中，窝朗、头人和魔巴分别管理着村寨中的相关事务。但如果遇到涉及全寨的重大事情时，窝朗、头人和魔巴不能独断专行，还需要召开“头人会议”，甚至是“寨民大会”进行讨论决定。召开“头人会议”时，各头人可以各抒己见，发表自己的看法，最后由大头人集中众人的意见并形成总的决议。一般情况下，“寨民大会”是在需要决定全寨的重大问题时才会召开。“寨民大会”的参加者一般是寨中老人和一家的家长，寨中的妇女可以参加，但主要是旁听，一般不发表意见。“寨民大会”召开时，参会的老人和家长围绕“寨民大会”的主题可以自由发表自己的看法，最后由头人根据绝大多数人的意见形成会议的总决定。通过“头人会议”或“寨民大会”的形式来集体民主协商重大寨务，表明佤族社会的政治生活虽然随着阶级的分化渗入了阶级的成分和内容，但原始社会的平等和民主的成分还依然保留并延续了下来。这种社会政治状况，是与佤族社会的经济特点相适应的。它本身的特点也呈现一种过渡形态，即从原始社会的民族部落组织向阶级社会的国家组织过渡，而这种过渡的组织形式就是原始的农村公社。①

三、从原始社会走过来的“直过”民族

虽然人类社会的发展是一个循序渐进的过程，但部分地区、部分民族也存在着跨越一个甚至是多个社会形态发展的现象。“直接过渡”

---

① 《佤族简史》编写组．佤族简史．民族出版社，2008：65～68.

是指发展比较落后的民族在先进民族的帮助下，跨越几个社会发展阶段直接过渡到社会主义社会。在新中国成立初期，一部分保持着原始公社制残余的少数民族，在国家帮助下，不经过民主改革运动，直接过渡到社会主义阶段。与“直接过渡”相对应的是“直过民族”，实行“直接过渡”的少数民族称为“直过民族”，实行“直接过渡”的少数民族地区称为“民族直过区”。

地处中国西南边疆的云南省，实行“直接过渡”的主要是景颇族、独龙族、怒族、傈僳族、德昂族（原称崩龙）、佤族、布朗族、基诺族等少数民族，或者是这些少数民族的聚居地区及部分拉祜族、哈尼族、瑶族等居住区。在地处我国北部边疆的内蒙古自治区，“直过民族”主要有鄂伦春、鄂温克等少数民族，在海南省则有部分黎族属于“直过民族”。

在20世纪50年代前，佤族社会发展极不平衡。在阿佤山的中心地区，大多还处于原始社会向阶级社会过渡阶段。在阿佤山的边缘地区，由于受到其他民族的影响，有的地区处于原始社会解体和阶级社会形成阶段，部分地区已经进入封建领主或地主经济阶段。新中国成立后，佤族社会直接过渡到社会主义社会阶段。在新中国的大家庭中，“五十六个星座五十六枝花、五十六族兄弟姐妹是一家”，佤族人民与其他各族人民一道获得了平等的民族权利，成为中华民族大家庭的一员。

第二节　宗教　歌舞　祭祀　崇拜

作为生活在阿佤山区的古老民族，佤族先民勤劳、勇敢而又富有智慧，创造了悠久、灿烂的历史文化，形成了许多独具特色的民族习俗。如果想要认识、了解佤族，首先要了解他们的传统文化和风俗习惯。

佤族的谚语是佤族人民生产、生活经验的积累和总结，表现了佤族人民的生活态度和道德品质，也反映了佤族人民的处世哲学，具有强大的生命力和感染力。如“地不种长草，人不勤饿肚”；“一棵竹子不成蓬，一人做事难成功”；“是树就要直立挺拔，是人就要心地善良”；“旱地宽，荒的多；姑娘白，懒的多”等。

一、多元宗教的和谐共生

佤族地区是一个多宗教和谐共存的典型区域，其宗教信仰主要有原始宗教、佛教和基督教。大多数佤族民众信仰多神教的自然宗教，他们对于宗教最初的信仰与膜拜，源自于对原始万物有灵的自然崇拜。在佤族人民的观念当中，日、月、天、地、山川、河流和一切他们所不能理解的自然现象以及生命，都是有“灵魂”的，或称“鬼神”。在中国内地劳动人民的观念中，鬼和神是有严格区别的，但在佤族人民看来，鬼和神是同一的。在佤族人民的信仰中，人死后只不过是灵魂同肉体暂时分开，只要举行“叫魂”祭祀，人的灵魂又会回来。在佤族人的意识中，有各种各样的灵魂或鬼神，这构成了佤族的原始崇拜。在佤族人民的原始崇拜中，最信奉的是“木依吉”和“阿依俄”，他们认为“木依吉”是创造万物的神，是人类的最高主宰，“阿依俄”则是佤族的男性祖先。对自然物的崇拜和对祖先的崇敬构成了佤族民众最基本、最原始的信仰和崇敬。

佤寨的崇敬物　（谢坚摄）

佤族村寨的女神图腾桩　（谢坚摄）

佤寨经常会有很多带有原始宗教性质的活动。每年全寨都要一起祭祀，举行“哟黑拉翁”（做水鬼）、拉木鼓、“道大迈”（砍牛尾巴）、“勒依尔”（做老母猪鬼）、“耍嘎拉”（剽牛）等活动，在新中国成立之前，还有猎人头祭谷的习俗。遇有天灾人祸，也要做鬼消灾。除了村寨集体的宗教活动外，家庭和个人的宗教活动就更多了，无论做什么事，都要杀鸡看卦，以卜卦吉凶和祈求鬼神保佑，有了疾病也常常祭鬼求愈。

牛头骨是佤族财富和地位的象征。佤族人民有把牛头骨当作珍贵财富积累起来的习俗，或把牛头骨挂在房内和房檐下，或垒在显眼的地方，或专盖一间小房子存放起来，以显示财富和提高社会地位。新中国成立后，党和人民政府对佤族人民进行了宗教教育，领导佤族人民大力发展生产和进行社会主义改造，改善了他们的生活，提高了他们的科学文化水平，并通过说服教育，在他们觉悟提高的基础上，革除了猎头祭谷的陋俗，代之以牛头骨作为祭祀。

牛头骨是佤族财富和地位的象征 （谢坚摄）

近百年来，随着西方殖民者的入侵，作为思想文化入侵武器之一的基督教被传入到佤族地区，一部分佤族民众开始信奉基督教。同时随着与其他民族交往的增多，也有一部分佤族群众信仰佛教。佤族民众所信仰的佛教，有自云南大理传入的大乘佛教和自附近傣族村寨传入的小乘佛教。小乘佛教主要分布在沧源佤族自治县的班洪、班老、勐角、勐省、永德、镇康等佤族地区，大乘佛教只存在于沧源佤族自治县岩帅区和甲单区的个别村寨。据相关史料的记述，基督教传入佤族生活的地区大约在晚清时期，美国传教士永伟里把基督教带入佤族、拉祜族地区传播，以后基督教的影响区域逐步扩大。信仰基督教的佤族群众分散于澜沧拉祜族自治县的文东、安康，沧源佤族自治县的岩帅、勐角、勐省、永和及双江等部分佤族村寨。

与万物有灵的自然宗教信仰有关，佤族群众在生活习俗上有很多

禁忌，如任何人不能骑马穿过寨子；一般人不能任意进入木鼓房或随意敲击木鼓，因为木鼓是作为通天的神器；如果家中有病人，屋门前就要横放一根竹竿，以示外人不得进入；如果家里有妇女分娩，当日外人是不允许进入的；作为宗教崇拜的一部分，屋内神台不能随意乱放东西，屋内主火塘前是房主的专座，其他人不能随意就座等等。除此之外，男女之间也存在一些禁忌，如女性不能随便乱抓男性的头发，男性则不能随意触摸女性的脚；如果寨中某家有人去世，全寨都要停止生产一天，丧家要祭数天；此外，任何人都不能坐在门槛上；不能让路人睡在门外；不能堵住山泉水的眼；出门时，在路上要注意倾听“鸟神”（山雀）的叫声，决定是否前行等等。

二、木鼓舞与甩发舞

佤族是一个能歌善舞的民族，舞蹈是佤族文化最古老的艺术表现形式之一。在佤族人的艺术中，舞蹈与音乐、绘画、文学等都是紧密联系在一起的，由此形成了佤族舞蹈所特有的古朴、粗犷、热情、奔放的民族舞蹈风格。[①] 佤族人民将对神灵的崇拜、对日常生活的喜爱、对劳动生产的热情融入到题材广泛、风格各异、丰富多彩的民族舞蹈中，佤族的舞蹈真实、形象、生动地展现了佤族人民的生活，同时也折射出佤族的心理、性格以及审美意识。

“木鼓舞”是佤族祭祀中不可缺少的一部分。在佤族民众的信仰中，木鼓既是舞蹈伴奏乐器，同时也是通天神器。“木鼓舞”全程由四部分组成，第一段为“拉木鼓”，拉木鼓由魔巴主持，舞蹈讲述的是巫师“魔巴”带领着全村健壮剽悍的佤族青年男子选做木鼓的木材，他

① 张亚锦，刘金吾编著．佤族景颇族舞蹈．云南人民出版社，1994：4～5.

们以藤条捆绑已选择好的巨大树干后，在“魔巴”的一路领唱下，拉木男子边唱边拉，一直到达村寨。这段古朴而粗犷的歌舞气氛神圣庄严，舞步自然成韵，极具原始崇拜意味。第二段是以舞蹈形式出现的“进木鼓”，集中以模拟舞姿来表述人们挖凿、制作“木鼓”的劳动过程。结束于新“木鼓”诞生后，“魔巴”手持树枝，在大八字“蹲裆步”的行进中，引导“木鼓”进入“木鼓房”的庄严过程。第三段舞蹈表现的是“敲木鼓”，这是整个“木鼓舞”表演中最为热烈和精彩的高潮部分。全段以娴熟的击鼓技巧和粗犷舞姿，集中展现了表演者模拟佤族日常生活中的祭祀、巡逻、报警、作舞等情景为内容的多种舞蹈套路表演。舞蹈开始由一至二人击鼓进行表演，鼓点的音色与节奏随舞蹈内容的变化而改变。当舞蹈进入高潮时，另有三四名手持彩绘鼓槌的剽悍男子进入场地，边击鼓，边围鼓旋转、跳跃，将“敲木鼓”的欢腾气氛推向极致。人们在以此欢愉神灵，求得来年五谷丰登、人畜两旺的同时，也获得了精神上的最大愉悦。最后一段“祭木鼓”是对“木依吉”大神进行崇拜的一段程式性礼仪舞蹈，舞蹈语汇简单、质朴，富有浓厚的原始仪式气氛。①

“甩发舞”是广泛流传在佤族妇女中的一种自娱性舞蹈，但在某些场合是不能跳“甩发舞”的，例如剽牛祭祀、老人死后、盖新房、婚嫁喜庆都不跳“甩发舞”。除上述场合外，在其他时节，任何场合都可跳“甩发舞”。据说在远古时期，佤族妇女酷爱长发，并以长发为美，因此佤族女孩从小习惯长发披肩。每当妇女在竹槽下用水洗净头发后，都要低头梳整，弓着腰前后来回仰头、低头甩发晾干，“甩发舞”由此而来。

---

① 张亚锦，刘金吾编著．佤族景颇族舞蹈．云南人民出版社，1994：4～5.

佤族的“甩发舞”既可两人表演，又可集体展示，但舞者不能为单数，即参与跳舞的人员必须是偶数。在起舞时，舞伴手拉手围成一圈，边唱边跳，一般无乐器演奏。每唱完一段歌词后，双手拉紧，身子后仰，接着左右前后猛烈地甩动长发狂舞，好似巨浪翻腾，又如龙飞凤舞。“甩发舞”充分表现了佤族女性的美丽、成熟和她们豪放、爽朗的性格。“甩发舞”动作潇洒，柔中带刚，颇具感染力，给人以美的享受和强烈的触感冲击。

佤族甩发舞　（俄国庆摄）

甩头发歌

黑黑的头发长哟，
我的头发黑又长，
甩起谁也比不上，
我和月亮比头发，
月亮亮我头发亮，
我的头发更漂亮，
月亮比不上。

三、“考罗”——与神灵对话的通天法器

佤族称木鼓为“考罗”，是用整段树木加工而成，传统的佤族村寨中都有木鼓房，一般情况下，木鼓房里面均摆放着大小不一的两具木鼓。有的佤族地区认为是“一公一母”，有的地方则认为是“一母一子”。不管怎样，早期的木鼓是佤族先民用来辟邪除病的祭祀工具，后来还是报警、巡夜、娱乐的工具。木鼓是佤族人民心中唯一能够通天的神器，是佤族幸福和吉祥的象征，是民族感情的寄托物，同时是佤族文化传承的线索，是代表佤族的自然性格、精神象征和生命图腾的神器。

在佤族的民俗活动，人们往往使用木鼓来表达内心的概念和思想感情。佤族视木鼓为“一寨之母”，不论是日常生活还是大的宗教活动中，都离不开木鼓。所以拉木鼓，也是佤族生活中盛大隆重的宗教活动，全寨男女老少都非常自觉地踊跃参加。全寨大人小孩盛装打扮，来到山上，运用集体的力量把木鼓拉回寨里，拉木鼓的活动也旨在向民众宣示只有依靠集体的智慧和力量才能够战胜困难的道理。所以，佤族人民把木鼓敬为心中的神，非常崇敬地供奉它。

木鼓是佤族的神物，具有神性。在佤族人民的传说中，木鼓是“木依吉”等神灵降临人间时依附的神器，所以村寨中凡是举行重大的宗教活动都要祭木鼓。人们坚信它的神力广大无边，若慢待了它、忽略了它，人类将受到它严厉的惩罚。反之，只要人类用最虔诚的态度供奉它、祭祀它、祈求它，将得到它的庇护和保佑。此外，木鼓还是佤族人民心中财富和权势的象征，窝朗的职责就是负责管理木鼓。不管是婚礼还是丧礼，木鼓也是必不可少的礼器之一。

四、岩嘎和龙女的美好生活

在佤族古老的民间传说中，《沧源崖画的传说》、《猎头祭谷的传说》、《新米节的传说》、《水酒的来历》等都具有浓郁的民族特点和深厚的历史内涵。在佤族的史诗故事中，孤儿的故事和动物的故事最具有地域文化特色和民族特色。孤儿的故事具有非常广阔的社会基础，是佤族特定社会历史阶段的产物，其中代表性的故事有《孤儿岩惹》、《孤儿和仙女》等。动物的故事充满浓厚的生活气息和强烈的地域文化特色，其中代表性的作品有《骄傲的老虎》、《百鸟盖房》、《黄牛、水牛和豹子》、《牛为什么吃草犁地》等。

佤族的童话和寓言同样富有很强的哲理性，又具有诗意和美感，是佤族人民智慧的结晶和生活经验的总结。代表性的童话有《岩嘎和龙女》、《牛哥哥》、《一只好胜的老虎》、《数星星》等。代表性的寓言有《害羞的竹子》、《爱漂亮的马鹿》、《石岩、风和白花》、《潭水和山泉》等。

在佤族史诗般的故事中，最典型的是《岩嘎和龙女》，这是广泛流传于佤族民间的传说故事。讲的是：在很久很久以前，有一位孤儿名叫岩嘎。渐渐地，岩嘎长大了但还没有娶到妻子，一个人孤苦伶仃地生活着。直到有一天，他捕到了一条可爱的小鱼，岩嘎非常怜爱就把小鱼养在了水缸里。经过一段时间后，岩嘎发现原来小鱼是龙王的女儿，岩嘎心生爱慕就向她求婚，而龙女也早已偷偷地爱上了岩嘎，便答应岩嘎的求婚。于是他们来到龙宫，告知龙王龙母，但是龙王不愿女儿嫁给一个孤儿，百般刁难。岩嘎在龙女的帮助下，完成了龙王出的所有难题。龙王最终接受了岩嘎并答应将女儿嫁给他。岩嘎和龙女放弃了龙宫的富丽生活，他俩回到人间，过着自由、幸福的生活。可好景不长，荒淫无耻的王子惦记龙女的美丽，派人把龙女抢进了王宫。岩嘎在算命老人的帮助下找到了王宫，龙女哄王子穿上鸟皮缝的百鸟衣，王子被狗咬死了。岩嘎和龙女又回到了自己的家，靠劳动过着幸福的生活。

第三节　衣食住行庆

一、村社与居室格局

阿佤山区的佤寨一般坐落在山腰和半山巅，海拔大约在1600米。佤族的村寨有大有小，一般的村寨在百户上下，大一些的村寨有400多户，小的佤寨有30多户。因为建在山腰，因此寨内有崎岖不平的小路纵横交错。传统的佤族山寨，周围都会有竹篱，并种植刺藤，形成一道天然的护栏。最先来建寨的姓氏，就成为寨子的头人。最初的村民在建村寨时，都会选择周围有竹林、树林和水源的地方。新建一个寨子时，要先选神林，然后才建房屋。社林通常位于村寨的右上方，寨子里的木鼓房就建在那里。村寨的公共墓地一般建在村寨的下方，俗称“鬼林”。有些地方的佤族也有把祖坟安葬于住宅旁的习俗。昔日的佤族村寨之间由于存在械斗，所以村寨还有寨门和栅栏以作为防护袭击的屏障。佤族的寨门与栅栏不仅具有抵御外敌入侵的作用，还具有防兽防盗的作用。与壁垒森严的寨门围栏相比较，佤族村寨里的各家家门，一般只有内闩、外闩而不安装门锁，人们的村舍安居始终处于外紧内松，防外不防内的和谐关系。

佤族村寨的房子依托山地的地形地势而建，高低有序，层次整齐，成阶梯式建设。从建筑格局来看，佤族房子的建筑和形状呈干栏式上

云南西盟岳宋佤族村寨　（徐冶摄）

下两层，上面一层主要用来住人，下面一层用来关养牲畜及家禽。但与其他少数民族干栏式的房屋不同的是，佤族房屋的两边是半圆形的，因其半圆形造型，其房屋因而被人们称为孔明帽。云南各地的佤族因生活地域的自然环境及社会经济发展水平的差异，在房屋的建筑材料使用上也有所不同。西盟和沧源的所有佤族与双江、耿马的部分佤族的住房以竹木结构为主，永德、镇康等地佤族（主要是“本人”支系）则主要是土木结构。根据经济条件，佤族民众的住房有大有小。大的一般是3间房子，分为主间、客间和外间，设有3个火塘，即主火塘、客火塘和鬼火塘。小的一般只有两间房子，即主间和客间，设主火塘和鬼火塘。主火塘在主间，火终年不熄，是平时做饭的火塘，周围铺有木板或竹席，是家人的睡处。客火塘在客间，一般用于煮猪食。鬼火塘在外间（若只有两间房则在客间），一般宗教活动时才用。佤族的住房一般是开三个门，即火门、客门和鬼门。火门在客间房前壁，客门在客间房后壁，与火门相对，鬼门则在外间房右壁。

有的佤族村寨还建有专供祭祀用的祭房，这种专门祭祀用的房子一般称为“大房子”（也称祭房），它与一般住房的不同之处，就在于房脊两端安置有木刻的燕子和男性裸体像。在传统佤族社会，燕子是佤族崇拜的飞禽之一，男性裸体像则是其民族信仰的祖神。①

新中国成立后，尤其是根据1999年中央民族工作会议暨国务院第三次民族团结进步表彰大会部署，2000年兴边富民行动正式实施以来，边境地区经济社会快速发展，人民生活水平明显提高，民族团结、社会稳定、边防稳固，为“富民、兴边、强国、睦邻”做出了重要贡献。在政府的支持下，佤族地区也逐步建立起比较完善的公共基础设施。佤族村寨房屋的建筑材料也逐步由草屋改为瓦房，其结构安全性能及舒适程度得到了极大改善。

二、饮食与酒礼

受到印度洋暖湿气流的影响，阿佤山区降水丰沛、光照充足，主要生产大米。因此，佤族的饮食以大米为主食，其次为小红米、豆类和玉米。由于生活在山区，山薯野菜也是他们的重要食物。佤族民众的肉食主要来源于自家饲养的牛、猪、鸡以及猎获的禽兽。佤族的常规饮食较为简单，稍富裕的人家每年杀一头猪，炼油吃一年，较少食用植物油。在云南西盟，佤族饮食不分主食和副食。无论贫富几乎都吃烂饭，即把米、菜以及肉、盐巴等煮在一起的较稠的稀饭。这种烂饭，农忙时日食三餐，平时为两餐。除云南西盟以外其他地区的佤族则分主食和副食，并多吃干饭。吃干饭时，只煮一锅汤菜，汤菜不放油，只放盐、辣椒、酸笋等调料。鸡肉烂饭、鹌鹑烂饭、松鼠肉汤、小黄散

① 《佤族简史》编写组．佤族简史．民族出版社，2008：188～189.

叶汤等，是佤族别具民族特色的美味佳肴。其中，鸡肉烂饭是佤族民众的最爱和招待客人的上等佳肴，往往在逢年过节、祭祀、娶妻、嫁女或招待贵客时才做。按照旧时佤族习俗，鸡头都要敬给尊贵的客人和长者。

佤族人民比较喜欢饮茶，尤其喜饮浓茶。老百姓也喜欢嚼槟榔，吸草烟。佤族老百姓一般不喝开水，习惯于饮冷水。新中国成立后，佤族的饮食生活也发生了较显著的变化，在食物内容上，除了以大米为主食，玉米、小麦、小米、荞麦等杂粮也逐渐登上餐桌，青菜、水果的种类也逐渐增多，饮食结构越来越多元化。过去喝生水、手抓饭等习俗，现在大多已移风易俗了。

佤族人民喜欢饮酒，流传着“无酒不成礼”的说法。家里来了客人，佤族人认为这是光彩的事，说明有人缘，一定要热情招待。招待客人一般是先沏上一杯浓茶，同时摆上槟榔。在佤族地区，酒是自己用粮食酿的水酒。绝大多数佤族人都能喝酒，所以家家都酿酒。佤族人淳厚实在，尤其是喝酒时不喜欢拐弯抹角，也不讲客气话。佤家一般不设酒杯，而是轮换着用盛酒的小竹筒喝酒，你一杯，我一杯，饮酒气氛相当热烈。

佤族人民饮水酒的方法大致有两种，一种是会议式的饮酒。在人多场面大的时候，或者是每逢重要聚会先由寨中长者开饮，接着长者向大家敬酒，随后大家用竹子刻成的酒杯，你一筒、我一筒地对饮。如果你来到佤族民众家里做客，在佤家喝酒时，必须要一饮而尽，否则会认为你不够朋友。另一种是礼仪式的饮酒。饮酒时宾主分开，一人对一人，先由主人敬客人一筒，客人回敬主人一筒，在对方喝酒时，敬酒一方必须将右手抬起与肩部相平，手指平伸，手肘可以自然曲放，以示对对方的尊敬。与其他大多数民族饮酒时大鱼大肉不一样，佤族人喝酒一般不设酒菜，也不与吃饭混在一起，因而，在佤族饮酒是可以代替宴席的。

佤族同胞向远来客敬酒　（民族画报提供）

在佤族地区，敬酒是很有讲究的，远方的客人你必须学会敬酒。主人为客人敬酒时，先用中指蘸一点酒弹在地上，表示敬祖先之后先干为敬，接着再请客人喝。客人接盛酒的小竹筒时必须用右手去接，而且手心要向上，把盛酒的小竹筒托住，但是五指只是稍微弯曲，拇指和其他手指不并拢，如果手指不分开，那就是对对方的不敬，这在佤族村寨是很忌讳的。

三、服饰

由于生活环境和历史传承的差别，不同地区的佤族服饰有一定的差异，但基本上还保留着古老的山地民族特色，显示着佤族人粗犷、豪放的坚强性格。西盟地区的佤族保持的传统习俗最为纯真，服饰也最为典型。最典型的佤族男子服饰是，穿无领对襟短衣和青布肥大短裤，头缠布帕戴大耳环，下着绑腿草鞋或跣足，青年男子常以佩戴竹藤圈为饰。此外，一些佤族男子仍然保持着系一片兜裆布为衣的传统装饰。最典型的佤族女子服饰，是穿贯头式紧身无袖短衣和家织红黑色条纹筒裙，赤足，戴耳柱或大耳环，项间佩挂银圈或数十串珠饰，喜戴臂箍、手镯，手镯宽约五厘米，多用白银制成，上面刻有精致的各种图案花纹，美观闪亮，是佤族妇女喜爱的装饰品，腰间亦以若干藤圈竹串为饰。佤族女孩喜欢披发，发箍用红布或金属制作。过去，佤族女子的脚上都戴有数个或数十个竹藤圈。按习惯，女子每增加一岁就增加一个脚圈，因此，要想知道女孩子的年庚，只要数一数她戴的脚圈就知道了。冬天天气寒冷的时候，佤族男子一般会披麻毯或棉毯用以御寒。此外佤族男子历来有纹身的习俗，其纹样大多为动物纹，也有少量的植物纹。

阿佤山的佤族妇女　（邓启耀摄）

在云南，与汉族杂居或受汉族影响较深的佤族，随着其生活方式的逐渐改变，其服饰大多已经汉化了；与傣族、拉祜族杂居的佤族，其服饰受傣族、拉祜族的影响较为明显，因而接近傣族、拉祜族的服饰。

四、丧葬

在佤族的传统丧葬习俗里，一般是轻葬礼而重祭祀。佤族成年人正常死亡，依性别不同会有不同的祭祀方式，如果是男性死亡就鸣枪，女性死亡则敲锣报丧，一般隔日（即第三天）下葬。小孩或非正常死亡者，则不报丧，当日埋葬（正常死亡的小孩，可葬于村寨的公共墓地；非正常死亡者，则葬于寨外）。村寨中，无论哪家不幸有人去世，全寨人甚至邻寨都会关注，并送水酒、米、盐巴、茶叶等东西，以示哀悼。从入葬方式来看，佤族实行的是土葬。葬地有的埋在寨内自家住房附近，有的村寨靠近村寨有公共墓地，并以姓氏划分开来。

佤族“灵魂”观念较重，人死之后也有殉葬物。殉葬物的厚薄，与社会生产条件和财富的累积有着密切的关系。由于佤族生产落后，生活贫困，所以他们的殉葬物也比较简单。人死后，一般口中放一点银器，其他殉葬物是生前常用的器物、工具和武器。葬后不起坟，在下葬的地方用竹篾围起或垒几块石头作为标记。佤族从人死到埋葬，家人哭泣哀悼，但不披麻戴孝，重要的活动是每天请魔巴杀鸡或杀猪“做鬼”，并举行祭祀。

五、传统节庆

由于佤族信仰原始多神教，因此，在二百多年前，其节日与宗教活动是连在一起的。砍木鼓、搭木桥、祭虎豹等是群众性的活动，也是全体性的忌日。一旦进行这些活动、大家都要身着节日盛装，不能下地干活，要杀猪剽牛，泡滤水酒，蒸食糯米饭。这些活动的时间一

般是不固定的，并不是年年如此。有些年份要进行五六次，也有进行两三次的。后来，在与其他民族的交往中，佤族人们逐渐吸收了其他民族的传统文化及节庆活动。

云南省内的很多少数民族都过火把节，火把节是佤族的第一个节日，也是一个非常重要的节日。佤族人视它为灭灾驱鬼、送旧迎新、预祝家事平安、五谷丰登、六畜满圈的隆重佳节。在佤族看来，这个节日即是旧的灾难、饥饿、疾病的结束，亦是新的吉祥、平安、幸福、快乐的开始。

新米节是佤族的传统节日，也是非常隆重的节日。新米节是稻谷成熟、喜庆丰收、品尝新米的日子，一般多在每年农历八月（佤历十月）间。当谷子刚熟时，头人就召集所有本寨的小伙子以及村寨里德高望重的老人，一起商定过节的日子。新米节这天，主人早早起床，准备好过节的酒肉佳肴。然后到田里采割新谷。割回来的谷子一束挂在门上，表示招谷魂进家；其余的搓下谷粒，用铁锅微火焙干，舂出新米，做成米饭。接着举行家祭仪式：盛一碗新米饭，与各种菜肴一起摆于神台之上，请巫师和老人为首，全家人喜尝新米，同享丰收的喜悦。

木鼓节是佤族最隆重的节庆之一。在每年的佤历“格瑞月”（公历的12月），是佤族举行全寨性拉木鼓活动的时节。在木鼓节的头一天晚上，佤族村寨的头人和“魔巴”便会带人乘黑夜赶到事先选好的高大红毛树下，在举行一番隆重的祭祀（献祭、驱鬼、念咒祈祷）后，先是由“魔巴”挥斧砍几下红毛树，然后再由其他人连夜把红毛树砍倒。树木砍倒以后需要捡三个石头放在树桩上，意思是送给树鬼的买树钱。经过这些程序后，再按木鼓的尺寸把树干截断，并用凿子凿出鼓耳，系上藤条，以便拉运。第二天清晨的时候，全寨男女老幼都会

云南西盟佤族青年用木鼓庆祝新米节　（邓启耀摄）

身穿盛装，齐心协力上山拉木鼓。在拉木鼓的途中，“魔巴”右手举树枝，领唱“拉木鼓”歌，以歌调指挥众人协调动作。人们也会在木鼓经过的地面洒泼水酒，拉木鼓的男人一边拉，一边歌舞，其他人或呐喊助威，或送酒送饭。把木鼓毛坯拉到寨门外后，要先停放两三天，待“魔巴”杀鸡祭祀以后，才能把大树干拉到木鼓房边的场地上，最后交给木匠制作通天神器——木鼓。这一天的拉木鼓，男女同拉，互挤在一起，一边拉，一边歌舞、逗趣，一般都要热闹很久。木鼓由木匠师傅做好以后还要试敲，只有试鼓满意了，人们才把木鼓抬入木鼓房中，然后再次狂欢，寨子里的人们合着极具节奏性的鼓点，跳起粗犷的木鼓舞。

近现代以来，随着中原移民的迁入，佤族在汉文化的影响下，也过起了传统的春节，并把自己独特的文化融入其中。佤族的春节一般要过七天，大年二十九日，每家每户都要上山砍松树和采松叶，松叶撒在屋里，松树对准屋里的“供台”种在房门外。大年三十是佤族民

众家家户户舂糯米粑粑的日子。大年初一，天刚放亮，大伙头就派人鸣放三响火炮，宣布新年的到来。这一天，除了休息娱乐，男女老幼都要洗澡，意思是将一切污秽和疾病洗刷掉，来年才会身强体壮，万事如意。大年初二，大伙头家隆隆的火炮响过之后，人们便开始相互拜年，拜老人拜亲朋。下午四点开始围着“考西岗”（丫形木桩）跳“考窝”，即春节舞。每年春节主办“考窝”都有一定的顺序和规矩，先是由大伙头、二伙头、三伙头主办，接下来，普通人家才有资格主办。跳“考窝”的天数不能成双，通常跳 5 天或 7 天。

第三章

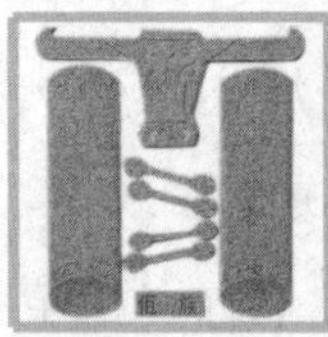

逐步壮大的佤族人口

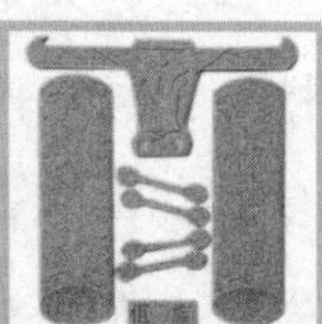

人是社会存在与发展的基础，是生产者，也是消费者。人口是生活在特定社会制度、特定地域，具有一定数量、质量、结构和分布要素的人的总称。一定规模的人口是一个社会文化、经济和政治活动的基础。受自然条件、社会发展程度、经济发展水平的制约，佤族人口的规模在历史上一直处于低自然增长水平。新中国成立后，由于社会制度的变革和社会经济的发展，佤族人口规模有了显著增长。

第一节　日益增长的佤族人口

一、历史上的佤族人口及其变动

作为生活在西南地区最古老的原住民族之一，虽然早期的佤族人口数量没有确切的统计数据，但据有关史料记载和考古发现，包括佤族祖先在内的南亚语系孟高棉族群生活的地域是广大的，人群数量也

不会太少。先秦时期，中原王朝的管辖地域未达到现今佤族生活的阿佤山区，也缺乏人口记述的相关文献。大约到了公元前 109 年，千古一帝——汉武帝设置益州郡管辖现今的西南地区，辖区达到今保山市的广大地区。当时分布在澜沧江以西的佤族、布朗族、德昂族的先民，已在中原王朝——西汉的统属之下。公元 69 年的时候，东汉明帝设置了永昌郡，管辖今天云南的临沧市、普洱市、西双版纳傣族自治州、德宏傣族景颇族自治州的佤族生活区域，但相关文献也缺乏对佤族人口数量的确切记载。

唐朝时候，现今云南地区的南诏地方政权兴起。包括佤族祖先在内的孟高棉语族各部落族群人口被纳入南诏人口编户。在这段时期，一方面，佤族祖先人口分布因局部迁徙而发生某些变化；另一方面，其人口也与其他民族人口不断融合，并逐步形成民族人口杂居状况。到元明清的时候，云南西南地区各民族的迁徙与融合一直延续，并逐步形成现今的人口空间分布与民族交错聚居格局。历史上频繁的迁徙，使佤族人口实际数据难以确定；加之，佤族社会发展缓慢，经济文化比较落后，以及生活贫困、卫生条件差等原因，不仅造成佤族人口寿命短、素质低，而且人口数量增长也不快，尤其是遇到天灾人祸时，人口常常出现负增长。新中国成立前，由于历代反动政府的民族压迫和民族歧视政策，许多佤族人口不敢据实申报，也使得真实的人口数据难以确定。

新中国成立后，党和国家非常重视人口问题的研究和对人口的管理，制定了一系列相关人口政策，佤族人口才第一次得以确切地登记。特别是通过民族识别，1962 年佤族第一次被确定为我国多民族大家庭中的一员，其人口也第一次得到认真和真实的统计，从而为佤族地区经济社会的发展和人口再生产提供科学的依据。

自新中国成立以来，我国一共进行了六次全国人口普查。云南省是佤族的主要聚居地，以云南省的人口普查数据为例，佤族人口数量呈现逐步增加趋势。1953 年第一次全国人口普查，全国佤族人口总数为 286 158 人；1964 年第二次全国人口普查，全国佤族人口总数为 200 272人；1982 年第三次全国人口普查，全国佤族人口总数为 298 516人；1990 年第四次全国人口普查，全国佤族人口数量为 351 980人，云南省佤族人口数量为 347 731 人；2000 年第五次全国人口普查，全国佤族人口数量为 396 610 人，云南省佤族人口为 383 023 人；2010 年全国第六次人口普查，全国佤族人口为 429 709 人，云南省佤族人口为 400 822 人。

新中国成立以来，佤族人口的增长大致可以分为以下几个阶段。从 1953～1964 年，佤族人口从286 158人下降到 200 272 人，人口增长率为－30.01%，平均每年递增－3.19%。佤族人口呈现异常的大规模负增长，这与以下两个方面的原因有关：一是 1953 年第一次全国人口普查时，佤族人口是由境内头人或山官估计申报的①，因而数据难免存在较大出入；二是 1962 年中缅划界时，一部分佤族聚居区被划归缅甸，相对于1953 年的统计范围，1964 年第二次全国人口普查时，佤族聚居区范围缩小了。

1964～1982 年，佤族人口从 200 272 人增加到 298 611 人，增长率达到 49.09%，平均每年递增 2.24%，人口处于一种较快增长态势。1982～1990 年，佤族人口从 298 611 人增长到 351 980 人，增长率为 18.12%，平均每年递增 2.10%，人口依然处于一种较快增长态势。1990～2000 年，佤族人口从 351 980 人增长到 396 610 人，增长率为

① 张天路．中国少数民族社区人口研究．中国人口出版社，1995.

12.68%，人口过渡到平稳增长态势。2000～2010 年，佤族人口从 396 610人增长到 429 709 人，增长率为 8.35%。

二、人口生育与死亡率

1. 人口出生率及其变动

妇女生育水平是反映人口再生产状况的重要依据。人口出生率的变化将影响人口再生产的变动和人口发展趋势。在人口学研究中，通常用一般生育率、年龄别生育率、总和生育率、活产子女数、分孩次比重等指标从各个不同的角度来反映各民族妇女生育水平及其变化趋势。由于统计资料的限制，这里采用云南省“三普”到“六普”人口统计资料的一般生育率和总和生育率来分析佤族人口生育状况，同时也可以反映出其经济、社会和文化发展状况。

在 1982 年的第三次全国人口普查中，佤族人口一般生育率为 161.39‰，出生率为 39.73‰。佤族的一般生育率（161.39‰）同云南省的平均值（107.79‰）相比，高 53.6 个千分点。

在第四次人口普查中，佤族人口的一般生育率为 127.68‰，比第三次人口普查下降 33.71 个千分点，但与云南省平均值（82.77‰）相比，仍高 44.91 个千分点。

在第五次人口普查中，佤族人口的一般生育率为 76.41‰，比第四次人口普查下降 51.27 个千分点，与云南省平均值（76.39‰）相比，只相差 0.02 个千分点。

从以上分析来看，从第三次人口普查到第五次人口普查这 20 年间，佤族人口的生育率发生了巨大的变化，在第三次人口普查和第四次人口普查中，佤族人口的一般生育率和总和生育率同云南省平均值和其他民族相比，都是比较高的。尤其是第四次人口普查，人口总和生育率居云南省各民族之首。这说明此时间段内佤族并未摆脱人口自然生育的状况。而到了第五次人口普查时，不管是佤族人口的一般生育率，还是总和生育率都基本与云南省平均水平持平，这说明佤族人口的经济、社会、文化水平都有了很大提升。这一方面是由于党和国家计划生育政策的贯彻落实，另一方面也因为党和国家对佤族地区经济发展和文化发展关注力度的加强。虽然，一个人的生育行为来自一个人的生育意愿，但是这种生育意愿又是从其所处的非常具体的社会经济文化中派生出来的。人口的生育行为归根到底是一种社会行为。人口的生育水平作为一种社会现象，最终是由该民族或该地区的经济社会结构和发展水平所决定和制约的。

佤族妇女　（沈扬摄）

2. 人口死亡率及其变动

新中国成立前，由于佤族人民大多生活在山区，而且尚未明确划分民族种类，所以历代政府尚未对佤族人口死亡情况进行统计。新中

国成立后，佤族经济社会有了较大发展，人民生活水平有了较大提高，尤其医疗卫生条件有了较大改善，人口死亡率比新中国成立前大大降低。就佤族自身情况而言，受政治、经济和文化水平等因素的影响，不同时期和年份，佤族人口的死亡率也是不同的。

第二节　佤族人口的受教育水平

人口的文化构成反映了一个国家或一个民族文化教育普及和发达的程度，是衡量人口文化素质的重要标志，同时也对国家与地区的经济社会发展产生深远影响。

一、佤族人口的受教育水平及其变动

长期以来，由于地处边疆地区，再加上经济社会及其教育水平的滞后，佤族人口的文化程度低于全国、全省平均水平。近年来，随着佤族地区经济社会的发展，加上各级党和政府对民族教育事业的重视，佤族人口的文化素质有了明显提高，佤族地区的教育事业有了较大的发展。但是由于历史原因，与其他民族相比，仍有一定的差距。

从第五次全国人口普查数据来看，2000年佤族6岁及6岁以上人口中，未上过学的占20.49%，扫盲班占8.25%，小学文化程度占55.43%，初中文化程度人口占11.95%，高中文化程度人口占1.77%，中专文化程度人口占1.64%，大专文化程度人口占0.35%，本科文化程度人口占0.12%，没有研究生。

从第六次全国人口普查数据可以看出，2010年时，佤族6岁及6岁以上人口中，未上过学的占13.76%，比2000年降低6.73个百分

佤族儿童 （罗小韵摄）

点；小学文化程度占58.38%，比2000年提高2.95个百分点；初中文化程度人口占20.82%，比2000年提高8.87个百分点；高中文化程度人口占4.50%，比2000年提高2.73个百分点；大专文化程度人口占1.83%，比2000年提高1.48个百分点；本科文化程度人口占0.69%，比2000年提高0.57个百分点；受过研究生教育的人口占0.02%。总的来看，2000～2010年，佤族人口文化水平得到了显著提升，但与全国平均水平相比，仍然存在较大差距。

二、佤族人口受教育程度较低的原因

由于社会历史、政治经济以及自然环境等因素的综合影响，导致佤族人口受教育程度整体偏低。

第一，云南佤族群众大多居住在阿佤山区，山高谷深，居住分散，交通闭塞，信息不畅，社会经济发展水平滞后。这种封闭的自然环境严重制约了阿佤山区教育的发展。

阿佤山区　（邓启耀摄）

第二，佤族地区经济落后，许多地区属贫困山区，部分佤族群众的温饱问题还没彻底解决，必然制约其教育的发展。新中国成立以来，阿佤山区经济不断发展，但由于基础薄弱、教育经费不足、投资于教育事业的经费有限，也制约了佤族人口受教育水平的提高。

第三，旧的观念对提高人口文化水平也有较大的影响。受旧观念影响，佤族地区群众对通过教育提高人口素质的百年大计缺乏应有的认识。特别是在一些偏僻、分散的山区，对于法定义务教育的观念很淡薄。加上生活贫困，只让子女在家干农活，并且特别不愿让女孩上学，从而导致佤族儿童入学后又辍学，影响了学龄儿童入学率、巩固率，阻碍了高层次升学率，严重影响了佤族人口文化程度的提高。

第四，语言方面的困难也给佤族人口教育带来阻力。双语教学在云南边境民族地区的推行因师资缺乏而不能完全普及。因此，分析原因，找出差距，克服困难，采取特殊而有效的措施大力发展教育事业，提高人口素质，是今后佤族地区努力和发展的方向。

第四章

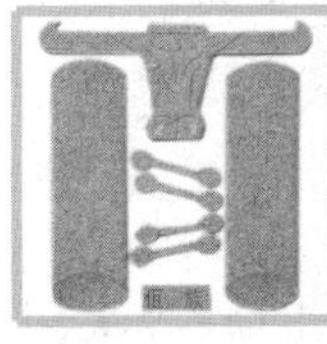

殊源同族　奇异婚俗

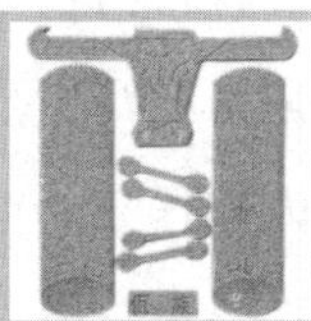

第一节　与众不同的黄佤族群

佤族传统服饰以黑色或藏青色为主色，但在云南省临沧市耿马傣族佤族自治县勐简乡大寨村却居住着一群身穿黄衣服、信仰南传上座部佛教的佤族分支族群。这支族群与佤族的主体在各方面都存在较大的差异，在新中国成立以前，这支族群被周边民族称为“黄併佤”，20世纪50年代民族识别时把这支族群确定为佤族，也称“黄佤”。

在人口数量上，黑衣佤族占佤族人口的99%以上，是佤族的主体。黄衣佤族占佤族人口总量的比例不到1%。为便于区别，在下文中，黄衣佤族称为“黄佤”，佤族的主体支系——黑衣佤族称为佤族。

一、“殊源同族”的黄佤族源及富有特色的黄佤婚俗

黄衣佤族与黑衣佤族虽然同属于一个民族，但由于族群来源及生活地域的不同，两个支系的婚俗与家庭形态也存在较大的差别。

1.“殊源同族”的黄佤族源

“黄佤”属阿勒佤支系的叶荣谱系，据相关口传史述及史料记载，黄佤的族源颇具神秘色彩，但一般都认为现今居住在云南省耿马傣族佤族自治县勐简乡大寨村的“黄佤”主要由两支族群融合而成，一支是由耿马军烈（佤语“根勒”）迁徙到此地定居的佤族，另一支是由内地迁来的明末永历帝的“桂王遗种”。①

在历史上，佤族只有语言而没有文字，因此关于黄佤的族源更多的是依据当地上了年纪的老人口传的一些关于迁徙的故事和传说来进行推断。据当地老人的一种传说，“黄佤”是由耿马军烈（佤语“根勒”）迁徙而来。② 军烈位于现今的云南省耿马县四排山乡。在口传历史中，军烈是佤族始祖的发祥地，同时也是佤族先民的政治、经济、文化中心。开天辟地以后，随着佤族先民的繁衍生息，人口越来越多，军烈也就容纳不下更多的人居住、生产与生活。为了生存，佤族的先民便四处迁徙，寻找新的栖息之地。在迁徙的过程中，佤族的先民相约以砍倒的树木作记号，指引后面的迁徙者。当其中一部分佤族先民来到大寨的时候，这里不是树木而是芭蕉林，因前面的人走得太快，而砍倒的芭蕉树生长得又太快，后面的人赶到时已找不到前行人迁徙的方向。他们认为前面的人可能走得太远了，没有办法再追赶上了，于是就在大寨定居了下来，他们自称“佤库特”（佤语的意思是掉队遗留下来的佤族）。因大寨这个地方四周居住的大都是傣族，其地又隶属于傣族土司管辖，因而这部分佤族先民便学说傣语，在宗教信仰上则信仰小乘佛教。

---

① 周家瑜．黄佤——独特的佤族支系．今日民族，2007（9）：21～28.

② 同上。

另据相关史书记载，黄佤的另一支来源于明末永历帝的“桂王遗种”。[①] 据清代赵翼《平定缅甸略述》、吴楷修《腾越州考·边防缅考》、魏源《征缅甸纪》的相关记载，明朝末年，永历帝朱由榔及其随从败退云南后，其后裔宫理雁等来到如今的缅甸，并在缅甸开采波龙银厂。因为是外来者，又是败军之将士，身处异乡的宫理雁及其将士家族在缅甸备受排挤，思乡之情越来越重。时至清乾隆二十二年（1758 年）时，宫理雁和夫人喃沾（缅甸勐良土司的千金小姐）及其妻妾、将士部众三千余人回到孟连，希望归属清王朝。回到孟连后，宫理雁及其将士部众却受到孟连土司刀派春的百般刁难甚至是欺辱。宫理雁逆来顺受，敢怒不敢言。恰在此时，大寨发现银矿，因宫理雁在缅甸开采波龙银厂颇有经验和技艺，悉尼银厂（今大寨）于是派人来请宫氏护厂并帮助署理银厂，宫理雁借机带着妾及其护卫队来到大寨。宫理雁离开后，孟连土司刀派春将宫理雁的夫人喃沾及其族人一千余人骗进孟连城，并向喃沾勒索财物，甚至威逼要娶喃沾为妾。喃沾忍无可忍，遂于乾隆二十七年四月（1762 年 5 月）号令部众千余人烧毁孟连土司衙门，杀死刀派春及族属三十余人，并率部众回到缅甸勐良地区。但对于此次事变，远在悉尼大寨的宫理雁一无所知，但永昌太守杨重谷为了向朝廷邀功，于乾隆二十七年五月（1762 年 6 月）以叛乱为由下令耿宣抚司十三代土司罕国楷捉拿宫理雁，宫理雁在毫不知情及毫无防备的情况下被捕并被处决。宫理雁被捕遇害后，原来随其到悉尼大寨开采银矿的部属便同当地原住民佤族相融合，渐渐演变为佤族。

2. 独具特色的黄佤婚俗

黄佤的婚俗文化历史悠久，与黑衣佤族的婚俗有着明显的差别。

---

① 周家瑜．黄佤——独特的佤族支系．今日民族，2007（9）：21～28.

据黄佤的传统婚俗，男女双方要经过“吃小酒”、“吃大酒”和“割尾巴”三次婚礼才算是完成婚姻仪式，正式结成夫妻。但由于佤族民众各自的情况差别明显，举办三次结婚仪式的时间和次数也存在很大差别，因而不同人一生举办婚礼仪式的次数会有所不同，“一次婚”、“二次婚”、“三次婚”在当地同时存在。[①]

“吃小酒”——订婚仪式。在中国，很多民族都有“吃小酒”的婚俗，在汉族地区即为订婚仪式。与其他民族不同的是，黄佤的“吃小酒”可以堪比其他民族的正式婚礼，非常隆重，而且这是标志黄佤青年男女成家的婚姻仪式。仪式一般要举办 3 天，即“相帮”、“正客”和“卯圆”。第一天“相帮”，即宴请客人。男方和父母、媒人带上 2 包茶叶、2 包烟叶、4 对蜡烛、4 斤猪肉、6.6 元钱作为礼物送给女方父母，同时宴请女方直系亲属到男方家“吃小酒”。第二天“正客”，即迎娶新娘。第二天早晨，男方和 2 个媒人、4 个“来不来”[②] 到女方家迎娶新娘。第三天“卯圆”，即祭祀色勐。男方父母和“来不来”到色主家用“正客”晚饭后丢的那只鸡祭献色勐[③]，意思是将男女“吃小酒”之事告之色勐，请色勐承认他们的婚姻，保佑他们夫妻恩爱、顺顺利利，发财兴旺。三天后，婚礼结束，女方返回娘家，男方随其前往女方家上门，生儿育女，直到“吃大酒”后男方才可以把妻儿接回家中。

“吃大酒”——“回家”的婚姻仪式。据周家瑜的研究，“吃大酒”需要具备两个条件：第一是需要征得女方父母的同意；第二是男方家庭要有能力举办“吃大酒”婚礼。正是由于这两个必要条件，

① 周家瑜．云南“黄佤”婚恋习俗的传统与变迁．中南民族大学学报（人文社会科学版），2009（6）：57～61．

② “来不来”，黄佤社会中对会念吉利经之人的称呼。

③ 色勐，是傣语的称谓，意为地方神，是黄佤心目中最大的神。

在黄佤地区，在“吃小酒”后距离举行“吃大酒”婚礼间隔的时间是不一样的，短的三四年，长的十几年甚至几十年。黄佤举办“吃大酒”的婚礼前后也要3天。第一天称之为“相帮”。也就是亲朋好友到男方家准备酒席饭菜，男方家请4个“来不来”到自家中柱旁“念吉利”，当天上午、下午各念3个小时的吉利经。第二天是“正客”。这一天早晨，男方和他的接亲队伍带着6斤谷子、6斤米、6斤盐、少量姜和钱（数额没有明确的规定，16元或26元不等，根据各自情况而定）和男方家所杀猪肉的一半到女方家迎亲。“来不来”在女方家中柱前祭献后，男方将女方接回家。新娘和送亲队伍带着她的嫁妆——织布机、打着花伞，来到男方家。到男方家后，先要在男方家中柱前祭献。祭献结束开始逐一认识男方家的直系亲属，认过亲以后，女方便可在男方家生活。第三天“卯圆”，即男方家感谢前来相帮的亲朋好友。①

“割尾巴”——“归属”的婚姻仪式。“割尾巴”有一套独特的仪式。首先是“相帮搭棚”，也就是亲戚朋友帮助男方在村子附近的一个十字路口用三根木棍搭木棚，上面铺上搪笆、下面先铺稻草后铺毯子。头天晚上，女方就住在这个简易的木棚里等待第二天的迎亲。其次为“木棚迎亲”，第二天早上，男方带着陪郎、媒人和“来不来”到木棚迎接女方。“来不来”在木棚中心的柱子前点上蜡烛，摆放酒肉，意为告诉女方祖先和色勐两人要“割尾巴”了，让女方祖先和色勐将女方的鬼、魂送给男方，让他们的人、鬼、魂结合，成为夫妻。奠酒结束后，男方将女方迎接回家：最后为劳动象征。男女双方同时上山，男方背上砍刀上山砍柴，女方背上背篓上山挖芋

---

① 周家瑜．云南“黄佤”婚恋习俗的传统与变迁．中南民族大学学报（人文社会科学版），2009（6）：57～61.

头，意味男女勤劳勇敢，共建家园。举行了上述三个仪式后，男女双方的婚礼才宣告结束，女方才正式成为男方家人，死后才能葬于男方家墓地，他们的儿女才成为男方家族的一员，获得家族成员的一切权利。①

二、母系父系并存的黄佤家庭形态

如同黄佤的传统婚姻缔结形式既保留着母系制夫从妻居的习俗、又有父系制妻从夫居的特点，黄衣佤族的家庭组织与形态也带有浓厚的母系与父系形式并存的家庭形态。

1. “吃小酒”后的从妻居家庭

黄佤人的婚恋年龄比较早，一般十四五岁时便可以开始谈情说爱。在“吃小酒”的第二天“正客”时，男方到女方家把新娘迎娶到男方家。但到第三天完成“卯圆”仪式后，新娘又会返回娘家，而男方则随新娘前往女方家上门居住，组成家庭，生儿育女，从事生产与生活。直到“吃大酒”后男方才可以把妻儿接回家中。

如前所述，由于“吃小酒”后要完成“吃大酒”需要具备两个条件，不同的夫妻在“吃小酒”后距离举行“吃大酒”婚礼间隔的时间是不一样的。短则三四年，长则十几年、甚至几十年。“吃小酒”后组建的家庭虽然是夫从妻居的家庭，但这与原始社会时期的母系民族阶段有着根本的区别。因为“吃小酒”后，男子仅是晚上到女方家中居住，为妻家干活，白天则需要回到自己家中从事生产劳动。男方不到女方家落户，成为女方家庭的正式成员，更重要的是，男方不占有岳父母家的任何财产，也不具有继承权。

① 周家瑜．云南“黄佤”婚恋习俗的传统与变迁．中南民族大学学报（人文社会科学版），2009（6）：57～61.

2. “吃大酒”后的从夫居家庭

“吃大酒”是黄佤婚姻过程中的第二道仪式，“吃大酒”目的是帮助男方完成由夫从妻居向妻从夫居的转变。①

举办“吃大酒”婚礼后，男方将妻子、儿女迎娶回家，于是组建妻从夫居的家庭。在男方家里，妻子与丈夫共同生活，养育儿女。但在男方家人或族人看来，女方仍是“借来”之人，并不是男方家“自己人”。在待遇和地位上表现尤为突出，此时，女方不享有男方家族成员的特权，甚至不能够称呼男方父母为“爹妈”。如果此时女方病故，家族里的人（包括她的儿女）都不能为她放口含钱。② 女方也不能葬于男方的家族墓地。这种地位还进一步影响到她的子女，子女们虽然可以参加家族中的婚礼、葬礼以及一切重大活动，但不能在这些活动中承担重要角色。

女方及其儿女们要真正成为男方家庭的正式成员，还必须举办“割尾巴”婚礼。在传统的黄佤社会里，“割尾巴”又称完婚或扫婚，是黄佤的第三次婚礼。待举办了“割尾巴”婚礼仪式后，女方及其子女便成为男方家庭的成员，最终固定下来了从夫居的家庭形态。

第二节　神奇的佤族婚恋

婚姻是组建家庭和繁衍后代的基本前提。人类婚姻形式有一个从低级到高级的发展过程。从血缘群婚到民族外婚，人类婚姻形式与

---

① 周家瑜．母系父系交织的婚姻——黄佤婚姻缔结形式探析．黑龙江民族丛刊，2010（6）：145～149.

② 据周家瑜的调查研究，口含钱为黄佤人死后由生者在其嘴里放一颗银子，意为到阴间的买路线。在黄佤的观念里，没有此钱，到阴间无法立足。

婚姻制度逐步走向完善和成熟。佤族婚姻的发展既有人类社会发展的共性，也有自身的个性。与黄衣佤族相比较，黑衣佤族的传统婚俗存在着较大的本支系特色，随着社会经济的发展，尤其是改革开放以来外来思想、文化的进入，佤族人民的婚姻观念也在发生着变化，男女平等、经济独立等现代婚姻的新形式正挑战也颠覆着佤族传统的婚姻观。

一、世代相袭同姓不婚

出于民族繁衍及经济社会发展的需要，传统的佤族婚姻制度下存在着诸多禁忌。其中最主要的禁忌就是一直以来沿袭的同姓不婚。佤族社会同姓男女之间严禁通婚或同居，如果同姓男女之间通婚或同居则被视为违背常理的“乱伦”。违者要受到严厉的惩罚，并要剽牛做鬼，祈求饶恕。佤族人还把这种“乱伦”与天灾人祸联系起来，有时遇有旱灾或者涝灾，往往从这里寻找原因，怀疑有人违犯了同姓不婚的道德规范。所以，发现同姓发生性关系，该姓人和全寨人就要对触犯者进行严厉的惩罚。男女青年都唯恐出现差错，因而不自觉地接受了这一制度的约束。

佤族之所以存在着同姓不婚的制度，是因为他们认为，只要姓氏相同，就会有血统上具有共同起源的人，同性结婚势必导致人的退化，不利于子孙后代的健康。这种习惯法上的传统婚姻约束及其规定与我国现在婚姻法的某些条款无疑有着异曲同工之妙，对本民族的优生优育无疑是有好处的。当然，佤族所强调的“同一姓氏不婚”指的是同一家族内部的同姓不婚，并不泛指家族外的同姓不婚。只要不是同属于一个家族，即便同姓氏也是可以成婚的。

二、谈情说爱“串姑娘”与抢婚

基于历史上的传承及佤族生活的自然环境特点，佤族的男女青年婚恋比较早，一般到了十五六岁就开始谈情说爱，佤族民众称之为“串姑娘”。在佤族地区，不论在哪个场所，谈情说爱是很自由的，父母一般都不会去横加干涉。佤族男女青年经过一段时间的结识和相处，确定恋爱关系之后，小伙子就会向姑娘索取漂亮的花头巾、耳环之类的信物，认为这可以代表姑娘的灵魂。然后请媒人拿着去告诉男方的父母，请求父母同意。父母就立即做鸡肉饭、请亲朋好友来吃，并公诸于众，杀鸡看卦，占卜凶吉。然后由媒人端一碗鸡肉饭送给女方父母，并告知卜卦的结果，征询女方父母的意见。男女双方确定恋爱关系后，便由男方向女方求婚，如果女方父母同意，就举行订婚仪式。在结婚的时间选择上，佤族的结婚时间绝大多数都选择在秋收以后，也有的选择在旧历正月举行。举行婚礼仪式时，男女双方所出的食物可多可少，这主要依据各自经济实力来定。婚期一般为三四天。

佤族青年男女结婚时，男方除了支付结婚费用外，还要支付女方家一定的聘礼，在佤寨称之为“奶母钱”和“买姑娘钱”。“买姑娘钱”一般是姑娘母亲出嫁时多少，女儿出嫁也是多少。

在云南沧源的一些佤族村寨，至今还保留着古代“抢婚”的遗风，一般有两种形式。一种是结婚这天，新郎请来几个身强力壮的好朋友，去新娘家抢亲，新娘家紧闭房门，抢亲队伍要想尽办法抢走新娘；一种是双方约定时间叫姑娘出去劳动，男方乘机把姑娘抢到自己的家里。抢时，姑娘故意高声哭喊，其家长闻声佯装到处寻找，随后举行婚礼。

佤族的离婚率较低。如果婚后夫妻双方因感情破裂而离婚，会得到社会支持。若是一方丢弃另一方，就会受到社会舆论的谴责。离婚后，如果女方另嫁，前夫所出的聘礼都得由女方新夫赔偿。有的妻子离婚时还要举行简单的仪式，请双方的父母和寨中的窝朗、头人来饮酒，目的是向公众宣布，请他们作见证人。事后婚姻关系也就算解除了。

恋爱中的佤族青年男女　（汝百乐摄）

过去，佤族妇女离婚再嫁一般有以下几种情况：第一，妇女被丈夫遗弃后，获得丈夫的同意可以再嫁，但所生的孩子要留在夫家。前夫有权向后夫索取当初结婚时所花的一切费用。如果女方家中有权有势，女方的父母便可要求女儿的前夫备上酒肉饭菜，让他当场答应此后女儿不论嫁谁，男方不得要求赔偿。第二，女儿由于对父母强迫的婚姻不满而离婚，或者被丈夫遗弃后未经同意而改嫁，遇到这种情况时，其前夫有权抄后夫的家。第三，夫妻双方没有感情基础，双方都愿意离婚，离婚后男方可以再娶，女方可以再嫁。

佤族青年男女也有在集体的欢庆活动中通过对情歌谈情说爱的。在天气晴朗的夜晚，山寨里会非常热闹，佤族青年男女会成群结队地

来到广场上唱歌跳舞。小伙子们会吹起悠扬的笛声，姑娘们则唱起“鹌鹑栖落的树”。[1]

哥是鹌鹑栖落的树哎，
妹是开在刺中的花哎，
长在天上云深处，
阿哥伸手采不到。

三、转房制和姑舅表婚

在传统的佤族社会，还存在着转房制婚姻形式。即丈夫死后，可以转房给夫之兄弟，在受拉祜族影响较大的个别佤族村寨也有转房给叔辈的。但转房必须是女方自愿，不能有任何强迫意愿。若女子不愿意转房，也可以另嫁，社会及夫家是不加干涉和限制的。若另嫁，新的丈夫则需要把前夫在结婚时所出的聘礼等退还给前夫的兄弟或者族人。

对情歌的佤族青年男女　（民族画报提供）

① 李柏松．沧源佤族原生态民歌．民族音乐，2006（3）：28～32.

佤族社会一般也盛行姑舅表婚。在他们的婚姻关系中，约50%以上是姑舅表婚。佤族中，舅父、公公、岳父、姑父的称谓是没有区别的。姑舅表婚在佤族地区的盛行，除了亲上加亲外，可能还有经济上的原因，即涉及到结婚聘礼的问题。如果结婚时没有支付或支付不起"买姑娘钱"，就可以嫁女给舅家的儿子，这样买姑娘钱便可以互相抵消了。由于买姑娘钱一般为一头至数头牛，对于传统佤族社会来说，负担是比较重的，很多贫苦人家支付不起，便会采取这种相互抵消的办法。

四、一夫一妻制与幼子继承

佤族的婚姻形式是典型的一夫一妻制，建立在一夫一妻制基础上的家庭是佤族社会的最基本家庭类型。在新中国成立前的阿佤山区，虽然个别富裕户和头人家庭存在一夫多妻现象，但这并不构成多妻制的婚姻形态，而只是一夫一妻制的派生。

佤族以一夫一妻制的家庭为社会的基本生产和消费单位。与传统汉族社会的长子继承制不同，佤族家庭的财产多由幼子继承，这和历史上蒙古族的继承方式类似。此外，在佤族社会，一般只有儿子才会有继承权，而女儿是没有财产继承权的。

五、现代婚姻构成

新中国成立以来，佤族的婚姻习俗已经随着经济发展和社会变革而发生了变迁。比如，过去盛行的姑舅表婚习俗现在已经很少见，甚至不复存在了。男女青年的恋爱更加自由，没有了地域和民族之分，媒妁之言、父母之命以及舅舅的权威，现在更多的只是一种象征意义。"串姑娘"的习俗仍然保留下来，但婚姻多按《婚姻法》的相关规定办

理。在禁止同姓家族不婚的同时，不到法定结婚年龄的男（20岁）女（18岁）青年，一律不予办理《结婚证》。婚姻不分民族，只要相爱和符合规定，都允许办理结婚手续。男女双方订婚后，必须告知双方父母。结婚时，除领取《结婚证》外，还必须举行结婚仪式。但是按现在佤族的结婚仪式，已经很少有过去那种隆重的送迎亲习俗了。在结婚之日，除了兴办酒席外，主要就是把新娘及嫁妆送到男方家，同时也会给舅舅一份礼物。在现代佤族社会，婚礼的主要活动内容就是请全村寨的干部群众和亲朋好友喝喜酒吃饭，请佤寨的尊者念祝福词，年轻人则唱调、打歌等。在新人服饰、陪嫁礼品、新房布景等方面，在吸收其他民族习俗的基础上，也不同程度地增加了若干现代因素。夫妇如果感情破裂而不愿再共同生活，也可向政府提出离婚申请，经调解无效后，既可办理离婚，也可以复婚。离婚时，财产可由双方协商分割。

采茶的佤族姑娘　（陈安定摄）

从2010年第六次全国人口普查资料可以看出，15岁及以上佤族人口有配偶的比例为64.76%，低于汉族6.81个百分点，处于中等水平；离婚率为1.13%，低于汉族0.22个百分点，处于中等偏低水平。

与第五次全国人口普查相比较，2010年时15岁及以上佤族人口有配偶的比例下降了，从2000年的70.72%下降到2010年的64.76%；未婚率由2000年的25.48%上升到2010年的27.60%；离婚率也从2000年的0.75%上升到2010年的1.13%。这说明，近十年来，佤族社会的婚姻关系发生了较为明显的变化，或许是佤族人口的结婚年龄推后了，再加上其离婚率也有所上升，因此，导致了佤族社会15岁及以上佤族人口有配偶的比例下降了。

第三节 变迁中的佤族家庭形态

家庭是社会的最基层单位，是社会的组成细胞，承担着最基本的生产和生活功能。同时，家庭类型与特定的经济社会发展水平相适应，随着社会的变迁和经济的发展，家庭结构和家庭类型也会发生变化。

一、现代经济文化对传统家庭结构的冲击

传统的佤族家庭是建立在一夫一妻制基础上的基本家庭。家庭是佤族社会最基本的生产和生活单位。同出于一个祖先的若干佤族家庭构成一个家族。家族都有自己的姓氏。佤族的每个家族都有自己的家谱，并以此相联系。一些佤族地区，实行父子连名制。如西盟马散寨永欧家族上连27代，莫窝区永格来寨木依布龙姓的家谱可上连29代，岳宋寨永铺姓上连23代，勐梭班母寨果思穷姓上连27代。新中国成立后，社会主义家庭制度在佤族地区逐步建立起来，家庭结构也发生了变化。

近几十年以来，随着佤族地区经济社会的发展，对外交往的增多，

传统的家庭结构也受到了一定的影响。原来民族成分相对单一的佤族家庭，现在与其他民族通婚的比例增加，因此，佤族家庭的民族成分也随之多样化。

如前所述，由于佤族地区年轻女性的外流，导致部分佤族地区形成较为明显的婚姻挤压，在与本民族及本地女子结婚存在较大困难时，一部分佤族男子不得不寻求境外女性结婚从而结成跨界婚姻家庭，如中缅边境地区的缅甸新娘，跨界婚姻形式形成的家庭对佤族传统的家庭结构也产生了明显影响。

二、家庭成员的地位及其变迁

在传统的佤族家庭，家庭成员在形式上地位是平等的，夫妻双方共同维系着一个完整的家庭。但实际上，在传统社会时期的佤族家庭，夫权思想表现较为突出。在家庭里，妇女承担了农业生产、纺织、采集、烹饪、家务等劳作，但对家庭财产没有支配权，妇女一般也不得参加家里、村寨的宗教活动或议事参政，即便妇女在场也是没有发言权的。妇女可以参加社交活动，如唱调、打歌等。同时，社会对妇女的修为要求极其严格，妇女一出

佤族妇女　（汝百乐摄）

嫁，必须严守妇道，否则将被丈夫休弃。当然，如果夫妻感情破裂，也是可以离婚的，无论哪一方先提出离婚，女方只能空手或者带上娘家陪送的嫁妆回到家中。如果已经生育儿女，儿女跟谁就由谁来抚养，另一方则没有抚养责任。

新中国成立以后，佤族妇女在家庭中的社会地位得到提高，逐渐地也和男人一样享有平等的权利。

首先，这得益于新中国成立后，从根本上破除了人压迫人的封建制度和男权制度，建立了人人平等的社会主义制度，使妇女地位的提高、男女平等有了坚实的政治保障。在历史上，佤族文化习俗中虽然也曾经有母性崇拜的习俗，但长期以来并没有能够保证妇女真正享有她们应有的政治地位、社会地位和家庭地位，妇女在实际生活中仍然处于从属或被支配地位。只有到了新中国成立后，党领导人民当家做主，国家在很多方面出台了具体的保障妇女权利的制度安排和政策支持，佤族妇女的地位才真正得到了提高。同时，这种政治上平等的保障还是实现佤族妇女经济和文化地位平等的重要前提。在一个长期以男性为中心的男权社会中，妇女如果在政治地位上得不到强势提升，那么，他们在强大的男权政治遗留面前，将不会获得实质意义上的男女平等。

其次，经济地位的提高是佤族妇女地位提升的物质基础。新中国成立以前，佤族人民深受土司和头人的剥削和压迫，一般家庭经济贫困。特别是妇女，生活在社会最低层，经济收入低，备受歧视。新中国成立后，在政治上获得人人平等后，一批妇女大胆地走出家门，积极参加各种社会活动，党和政府也采取了一系列措施，培养少数民族妇女干部。1950 年云南沧源佤族自治县全县干部总数为 300 人，其中妇女干部人数为 35 人，占 11.7%，到 1963 年，全县

干部总数为 1431 人，其中妇女干部人数为 250 人，占 17.5%。[①] 近年来，随着阿佤山区旅游开发和旅游经济的快速发展，佤族妇女相对于男子来说更广泛地参与到旅游活动当中，在旅游业从业人员当中，女性比例更高。随着妇女就业地位和从业方式发生改变，妇女经济收入也随之增加，经济地位的提升使得女性在社会和家庭中的地位也得到了明显的改善。

佤族妇女和儿童　（蔡晓洪摄）

再次，受教育权利的获得是佤族妇女地位提升的文化基础。新中国成立后，党和政府十分重视边疆民族地区的农村扫盲工作，特别是扫除民族地区妇女文盲。据云南沧源佤族自治县的相关统计，1956 年举办了两期民族培训班共有一百多人参加，扫盲是培训班的主要内容，其中女性占参加培训者的三分之一。随后的几年时间里，沧源佤族自治县及各区乡又连年举办了各种形式的佤文扫盲班，妇女们都很踊跃

① 李洁．临沧地区佤族百年社会变迁．云南大学博士学位论文，2001：214

地参加了培训班，部分佤族妇女通过培训班学习了相关文化知识，并从此走上了工作岗位。据云南沧源佤族自治县的统计，自 1956 年至 1965 年，沧源佤族自治县举办扫盲班 173 个，累计扫盲 4459 人，其中佤族脱盲 4434 人，妇女脱盲率占 1/3。① 除了开办扫盲班以外，党和政府还高度重视边疆民族地区的教育事业，再加上政治上的男女平等，使得边疆佤族女性受教育的权利也得到了保障和贯彻。在云南省沧源佤族自治县，1950 年有 3 所小学，在校学生 302 人，其中女生 37 人，占 12.2%；1965 年小学发展到 153 所，在校学生 8552 人，其中女生 1507 人，占 18.7%。其间共培养了 821 个高小毕业生，女性占 30%。1958 年 7 月创办沧源中学时，当年招收 28 名学生，1961 年毕业 15 人，其中女生 5 人，到 1965 年，沧源中学共毕业 6 个班，218 名学生，其中女生 53 人，占 29%。② 根据 1999 年中央民族工作会议暨国务院第三次民族团结进步表彰大会部署，2000 年兴边富民行动正式实施。兴边富民行动实施以来，边境民族地区社会事业得到快速发展，人口素质得到明显提高。在兴边富

佤族老年妇女 （罗小韵摄）

① 李洁．临沧地区佤族百年社会变迁．云南大学博士学位论文，2001：214～215.
② 同上。

民行动的推动下，阿佤山区科技、教育、卫生、文化等社会事业得到快速发展，提高了阿佤山区各族群众的科学文化素质和健康素质，同时佤族妇女的受教育水平也得到了明显的提升。佤族妇女受教育机会的增加和教育科学文化素质的提高对促进佤族妇女自我意识的觉醒，产生了极其深远的影响。

第五章

佤族的科学技术及传统工艺

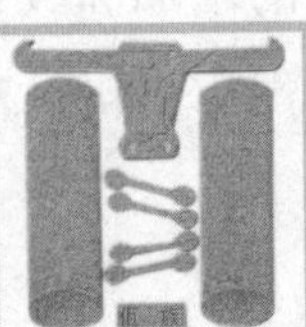

佤族是一个历史悠久、勤劳而又富有智慧的民族，在漫漫历史长河中，佤族先民在生产生活中创造了悠久的文明，其中的“星月历”、记事方法及传统工艺是其民族文明的代表。

第一节　佤族的“星月历”

历法是古代劳动人民智慧的结晶。佤族先民在长期的生产、生活实践中，发现地上花草树木兴、盛、衰的循环过程与天上出现的木星与月亮运行过程之间存在一定的对应关系。经过长期观察和摸索，佤族先民逐渐创造出用以指导农业生产和安排农事活动的佤族历法——独特的“星月历”。

一、古老的“星月历”

在历史上，佤族是一个有语言但无文字的民族，因此，“星月历”主要是通过佤族先民在生产生活中的言传身教一代一代保存下来。

佤族叫月亮为“凯”，叫木星为“星木温”，“星月历”以月亮与木星、地球三者运行全周期的360天为1年，1年分为12个月。每个月分为3轮，每轮10天，每轮星由9个（有的村寨以10个）名称来记数。一至九日的名称依次排列为：“不拉”（一日）、“黑拉”（二日）、“脓”（三日）、“儿龙”（四日）、“巩”（五日）、“士龙”（六日）、“儿来”（七日）、“门”（八日）、“哦”（九日），第十日的名称与第一日相同为“不拉”。这些名称循环三次为一个月（30天）。一至十二月的名称依次为：凯铁（一月）、凯儿拉（二月）、凯吕（三月）、凯崩（四月）、凯泼安（五月）、凯柳（六月）、凯阿柳（七月）、凯士代（八月）、凯士顶（九月）、凯高（十月）、凯高铁（十一月）、凯高拉（十二月）。佤族把地球、木星、月亮三者运行相遇的这一天称之为“阿麻星木温”（意为星星月亮打架）。这一天为一年的第一天，也就是常说的岁首日。佤族人民把这一天定为最不吉利的日子，一直作为忌日。在“星月历”中，“阿麻星木温”日约在公历12月10日左右，也叫“不拉凯铁”（即1月1日）。①

二、“星月历”指导下的佤族农业生产

“星月历”是佤族先民长期劳动经验的积累和勤劳智慧的结晶。由于特定历史条件的限制，当时的佤族先民不可能有现在的对天观测工具，因此佤族先民是用肉眼对天文进行观察的，但通过这种观察和探索所创制的“星月历”，对佤族人民的生活和农业生产有着极大的指导作用。

---

① 引自华夏经纬网 2011－10－10. http：//www.huaxia.com/ly/fsmq/dl/2011/10/2613012.html

佤族“星月历”指导下的生产与生活活动

公历月份	农历月份	佤历月份（译名月份）	农业生产活动	其他活动
12～11	凯铁	“格瑞”月	收割冬荞	搭水槽
1～12	凯儿拉	“固入安”月	选定“懒火地”	盖新房子
2～1	凯吕	“耐”月	芟谷地、备耕、种土豆	
3～2	凯崩	“气艾”月	种白薯、撒旱稻种子	过泼水节
4～3	凯泼安	“阿木”月	种玉米、犁耙水田	
5～4	凯柳	“倍”月	栽秧、收土豆、男子打猎	
6～5	凯阿柳	“戛扫”月	薅地除草	修木鼓房
7～6	凯士代	“格拉”月	收旱玉米、摘南瓜	
8～7	凯士顶	“阿配”月	旱稻将熟	加强管理、大清扫寨子
9～8	凯哥	“阿代衣”月		修掌子（晒台）
10～9	凯哥铁	“高哈其”月	收割稻谷	过新米节
11～10	凯哥拉	“高哈闹”月	种小春作物	青年结婚

资料来源：华夏经纬网 2011－10－10。

第二节　语言与文字

佤族民众使用的佤语属南亚语系孟高棉语族佤德语支。讲佤语的佤族，世界上（包括中国、缅甸、泰国、老挝）大约有一百余万人。与佤语属于同一语系的语言在中国有布朗语、德昂语等；国外有孟语、高棉语等。由于在地理上毗邻居住，历史上相互交往且关系密切，中缅两国佤族的语言基本是相通的，只因地区不同而有方言土语上的差异。泰国佤族和老挝佤族的语言与中国佤族的语言亦相似，相互间可以交流。

一、佤族的语言

根据语音、语法和词汇的差异，国内的佤族大致可以分为三个较大的方言区，一是班洪、镇康一带的“佤”方言区，又称孟贡方言，它受傣族语言文化影响较深。二是位于沧源、耿马、双江、澜沧一带的“巴饶克”方言区，又称岩帅方言，它受汉族语言文化的影响较深。三是西盟、孟连一带的“阿佤”方言区，又称马散方言，位于阿佤山区的中心地带，更多地保留了传统佤族的语言文化特色。

二、佤族的文字

佤族有自己的民族语言，但在历史上无文字。在历史长河中，佤族人民相互间通信表情达意和记事记数时主要以刻木、结绳和以物传情的方法来代替书面文字。比如，送牛表示平等示好；送牛腿表示下级部落对上级部落的尊敬；送牛肋骨象征长刀，意为相互之间要修通一条道路，友好往来；送刀和枪，表示互相支持，互相保护，一旦发生战争，要拿起武器对敌；送甘蔗、红糖、大米、水酒、草烟、槟榔等表示友好，互相帮助，有饭同吃，有酒同饮；送辣椒表示要教训对方，叫你心疼；送火药、子弹和弩箭表示打仗，没有调和的余地；送土灰表示要把对方打得粉身碎骨，烧毁房屋，把寨子化为灰烬。

佤族民间一般的来往通信，是用一片较大的树叶包扎寄出的食物，以包扎绳结上结的扣作为标记，若结在中间表友好。同时佤族以木刻的大小、长短来作为区别机密、绝密的内容。这些物体文字是原来佤文的“始祖”，可以用来相互通信，但毕竟是原始的方法，不能表达复杂的人类思维。

1885年缅甸沦为英殖民地后，基督教也开始在中国云南佤族地区传播。为了使基督教能更快地扩散，传教士们在佤族地区开始了文字的创造，他们以澜沧、沧源两县毗邻的岩帅、安康等一带的佤话为基础，创造了一套拉丁字母拼写的撒拉文。虽然这套文字很不科学，并没有在佤族地区推广使用，但也具有特殊的意义，这种文字是佤族近代史上表达佤族语言的书面文字。

新中国成立后，佤族新文字在人民政府的帮助下得以创制和使用。1957年3月，在昆明市召开的云南省少数民族语文科学讨论会上，讨论并通过了新设计的佤文（草案）。1958年，云南省少数民族语言指导工作委员会和中国科学院赴云南调查少数民族语言工作者，对佤文（草案）进行了修改。修改后的《佤文方案》确定采用26个拉丁字母，有辅音52个、元音18个、辅音韵尾8个、韵母287个，并尽可能以相同的字母形式表达佤语（沧源的岩帅话）和汉语相同或相近的语音，以利于各族人民之间的相互学习和文化交流。①

第三节　男作女织工艺

传统工艺是具有民族传统或地域特色的文化符号，它不仅代表着地方性知识、技艺和工艺流程，还体现出不同民族的文化特征、宗教习俗和生产生活方式。

---

① 赵富荣．中国佤族文化．民族出版社，2005：44～50.

一、以性别分工的传统工艺

佤族人民从原始社会末期直接进入现代社会，其民间传统工艺较好地保留了原始社会文化符号。在佤族，手艺以性别分工，男女分别从事不同的技艺。比如，男性使刀弄斧，掌握竹、木等雕刻手艺，能起房盖屋，制作工具、用具；女性则掌握服装纺织、饮食制作等手艺。在传统的佤族社会，假若没有掌握各自的手艺，就不能婚嫁、不能自立门户，也就没有社会地位。对传统技艺的传承是从孩童时代开始，长辈通过耳濡目染，手教口传，或者是把手工技艺编成歌曲传唱，以达到传承的目的。例如，在佤族儿歌《妈妈织布我来学》[①] 中，就用儿歌形式引导女孩子从小对织布工艺进行感知：

蟋蟀跟着娃娃蛇，
妈妈织布我来学，
人家织机我不要，
要用妈妈织机学，
（西西）阿爹刀快。

在传统的佤族社会中，房屋建造、服饰织染、腰包装饰等是佤族人民必备的手工艺。腰刀、牛头、木拉、木鼓等是佤族人民祭祀中的必备品。腰刀是阿佤男人随身携带的物品及武器之一，牛头是阿佤人的图腾和财富的象征，木拉是选用特殊的木材制作的盘子，木鼓是阿

① 李柏松．沧源佤族原生态民歌．民族音乐，2006（3）：28～32.

佤人的吉祥物。

二、佤族妇女的传统织布工艺

在阿佤山区，佤族妇女在农闲季节和闲暇之余都有织布的习俗，特别是腰织布这一传统古老的织布技艺彰显了佤族的民族特色。2010 年昆明泛亚国际民族民间工艺品博览会参展期间，佤族传统的原始织布方法成为展会上的亮点之一，吸引了大批的参观者驻足观看，得到社会各界的广泛赞誉和认可。目前，用这种织布技艺生产出的床上用品、服饰等，受到广大游客的青睐。

织布的佤族妇女　（汝百乐摄）

第四节　木鼓制作和银饰工艺

一、木鼓的制作工艺

由于木鼓在佤族的政治、经济、文化和宗教生活中占有极为重要的作用，因此木鼓的制作有一套隆重程序，要举行一系列宗教仪式。

首先是选木鼓，即选择制作木鼓的树木并砍倒。在选木鼓之前要

看鸡卦，选择良辰吉日，在这一天的早上，先是派几个有经验的男人上山挑选木鼓树。选好一棵适合的大树后，剥一块树皮拿回去杀鸡占卜，再去观察所选定的树。一般来说，只要没有被雷电劈过，没有被虫蛀的树就是吉祥的。然后是魔巴和砍木鼓的人带上鸡、酒、米等祭品进山，在选定的树下杀鸡念祈祷词。念完祈祷词，参加砍树的人们要向树上方射弩、打枪，意在驱赶树鬼以防止它危害砍树的人。先是由魔巴先砍几下后，大家轮流砍伐，中间不能停止，直到把大树砍倒为止，树要倒向寨子的方向。

选木鼓　（邓启耀摄）

第二道程序是拉木鼓。也就是把制作木鼓的树木拉回寨子里。在拉木鼓的过程中也有一系列的祭祀活动。

第三道程序是迎木鼓。制作木鼓的树木拉到寨子外面时，全寨的男女老少都会换上盛装，唱歌跳舞来迎接木鼓。

第四道程序便是制作木鼓。制作木鼓的树木迎回寨子后，便要举行剽牛祭祀，剽牛祭祀结束之后，就开始制作木鼓了。木鼓的制作有一套完整的技术，一般人是难以模仿的。制作木鼓使用的工具，一般主要是锤子、凿子以及长刀等。虽然佤族木鼓的制作方法粗糙，无需精雕细作，但由于是传统的制作工艺，因而费时费力，尤其需要耐心，需要一点一点地挖凿而成。在鼓舌部位需要厚度不一，在鼓腹部位深浅要有所差别，这样，敲击木鼓的不同部位便会发出不同的音响和音程。在以前，由于制作工具简单，工艺水平较低，制作一个木鼓往往需要投入较大的精力和花费较长时间，在1957年时，制作一个长2.18米、鼓头直径0.64米、鼓直径0.93米，凿0.05米宽、1.35米长、0.1～0.57米深的尖舌形凹槽，让后将其两边挖空，五个木匠、一个铁匠凿了六天才完成。现今仍存放在云南民族大学博物馆有一木鼓，据制作的组织者郭大昌（佤族）和隋嘎（佤族）回忆，当时制作该木鼓时，从佤寨请来了两个较有名气的木匠，俩木匠用传统方法制作该木鼓，用了半个多月才制作完成。[①] 随着木鼓文化的挖掘和传承，旅游产业的发展需要，现在作为展品或艺术活动工具的木鼓，其工艺制作水平大有提高，在规格尺寸上也越来越讲究，木鼓的鼓腔变大了，鼓壁也变薄了，鼓音由沉闷变得更加洪亮了。为了美观，鼓体一般还要经过打磨以便更为光滑，为了视觉效果，鼓体上还要漆上油漆，有的还画上或刻上装饰性很强的几何图案等。

二、佤族银饰工艺

佤族民众对银饰有着特殊的爱好，银饰在佤族的服饰、尤其是佤族女子的服饰搭配中占有十分突出的地位。在节日时，佤族女子盛装中银饰非常突出，即便是日常的生活装束，银饰都是必不可少的配件。佤族的银饰主要有银头饰、银耳饰（银耳饰主要有耳坠、耳环、耳

---

① 郭锐．佤族木鼓文化研究．中央民族大学博士学位论文，2006：21～22.

佤族臂钏　（傅光摄）

柱）、银颈饰、银首饰（如臂钏、臂镯、手镯、手箍、手链、指环、戒指等）、银饰牌等。

从银饰的制作工艺来看，一般分为以下几个步骤。先是准备熔炉，用砖垒出炉窝，炉窝和鼓风机相连，用木炭作燃料，鼓风机可以增强木炭燃烧，增加炉火温度。第二步，溶化银料，将银料倒入坩埚内，再将坩埚放在烧红的木炭中，为增加温度，同时用风箱鼓风，一般情况下，在加热熔化银料时，工匠们会在银液里加入适量的硼砂来帮助熔化。第三步，待银料全部熔化成银液后，再把银液倒入长条状的糠槽内。第四步，待银液完全凝固后，再将之取出趁热捶打，根据制取的银器不同，分别捶打成不同的形状。一般是先捶打成四方形长条，若需要制银片，则把它用锤子碾宽、捶薄，若需制银丝便捶成圆条再用丝板拉细。第五步，打制成不同的银饰或银器。

佤族银饰的纹样多种多样，一般分成自然形纹样和几何形纹样两大类，自然形纹样取之于自然界的动植物，比如仿制动物、植物、人物、自然景物等形状。几何形纹样虽然也多种多样，但大多以方形、圆形、菱形、三角形、多边形等几何体为基本形体结构。一个民族使用的器皿反映出这个民族的审美意识、民族心理、宗教观念、历史民俗。佤族银饰纹样出现频率最高的有牛纹、十字纹、菱形纹等，这些纹样的选取反映了佤族人民所生活的环境以及原始宗教崇拜。

第六章

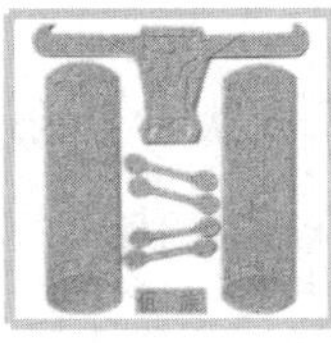

阿佤人民唱新歌

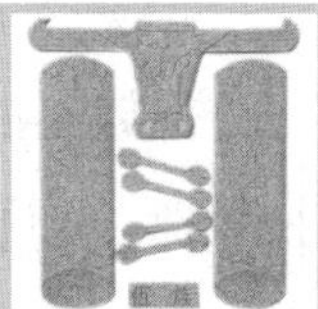

村村寨寨哎打起鼓敲起锣，阿佤唱新歌，毛主席光辉照边疆，山笑水笑人欢乐，民族团结紧哎架起幸福桥，哎……道路越走越宽阔，越宽阔，哎江三木罗。

山山岭岭哎团结紧向前进，壮志震山河，毛主席怎样说，阿佤人民怎样做，跟着毛主席哎跟着共产党，哎……阿佤人民唱新歌哎唱新歌，哎江三木罗。

一曲《阿佤人民唱新歌》唱遍了大江南北，把偏居祖国西南边疆的佤族人民推向了国内外，唱出了佤族人民翻身做主人的伟大历史变革，也描述出阿佤山区新的生产与生活。

第一节　立体农业取代“刀耕火种”

由于历史、政治及地理环境的共同制约，新中国成立前的佤族地区经济发展一直处于原始落后水平。新中国成立后，佤族社会发生了深刻变化，经济社会发展取得了突出成就。党的十一届三中全会以后，佤族地区也同全国一样，进入了改革开放和探索中国特色社会主义现代化建设道路的新时期。

一、新中国成立前的“刀耕火种”

佤族生活在山区，属于典型的农耕民族。阿佤山区气候炎热、雨量充沛、矿藏丰富、动植物繁多，但由于历史原因和自然地理的限制，佤族地区与内地及发达地区相比较还存在很大的差距，其经济与生产仍然发展缓慢，尤其是农村地区，人们收入水平远远低于全国平均水平。特别是阿佤山腹部，直到新中国成立前其经济发展十分落后，人民生活极为困难。也就是说，阿佤山中心地带依然处于“刀耕火种”的原始农业阶段。即便是部分地区已开始过渡到传统农业生产形态，但其产量也极为有限。广种薄收，“种一山坡，收一箩筐”是阿佤山区“刀耕火种”原始农业的真实写照。

佤族的农业生产工具　（谢坚摄）

二、立体性的农业经济

新中国成立后，党和政府认识到要发展佤族地区经济、改善群众生活，必须先从农业下手。在党和人民政府的关怀领导下，影响农业生产发展和极大浪费人力、财力、物力的一些习俗不断被革除，佤族人民开始使用现代生产技术，佤族山区的农业生产得到显著发展，人民生活水平有了明显改善。同时，现代工业也开始在佤族地区发展起来，佤族地区已初步建立起了地方民族工业体系。改革开放以来，经过三十多年的平稳发展，佤族地区的第一、第二和第三产业都呈现出新的发展局面和良好的发展前景。

多年来，在国家的大力扶持下，佤族人民积极参与改革开放进程，调整了生产结构，革除了制约生产力发展的各种因素，充分利用当地的资源优势，尤其是利用阿佤山区的立体性气候和丰富动植物资源，进行了立体式农业开发，初步形成了农业立体式发展的新局面。

西盟佤族自治县因地制宜，根据山区不同海拔、不同气温等自然条件的垂直差异，采取了复种套种型的立体农业发展形式。例如，在海拔 1300 米以下的低海拔河谷地区，以早稻—晚稻、中稻—小麦、中稻—豌豆等形式进行复种套种；在海拔 1300～1600 米的温暖山区，采用早稻（早熟种）—小麦（或油菜）、玉米—小麦（或油菜）、早玉米——季稻等形式进行耕作；在海拔 1600 米以上的温凉山区，间作玉米—油菜、玉米—小麦，套种形式则采取早玉米—套种小豆绿肥—晚稻、小豆绿肥—晚稻、大春玉米—套种小豆绿肥—小麦油菜、大春玉米—间种黄豆—小麦油菜、大春玉米—套种早小豆—小麦油菜等。[1] 因地制

---

[1] 国家民委民族问题研究中心．中国民族．中央民族大学出版社，2001：31.

宜的立体式套种农业使得阿佤山区的农业生产获得了显著发展。

在沧源、西盟地区，根据沧源佤族县国民经济和社会发展统计公报，2011 年沧源佤族自治县农业和农村经济呈现良好的发展态势。在国家各项支农惠农政策措施和社会主义新农村建设的有力推动下，农业生产经营条件进一步改善，优质农产品生产、产业结构调整、畜牧业、农村基础建设等各项工作取得了新的突破。全年完成农林牧渔业总产值 109 798 万元，粮食种植科技水平提高，种植面积达到 355 450 亩，全年粮食喜获丰收。传统产业稳步发展，竹子、烤烟产业成为农民增收的亮点。着力巩固和提升蔗糖、矿电等产业，有力地促进了全县经济的快速发展，第一、第二、第三产业占 GDP 的比重调整为 27.4：36.2：36.4，人均国内生产总值达到 9591 元。2011 年，西盟佤族自治县在新农村建设和产业结构调整中，坚持把特色农业生产作为该县农村经济发展、农民增收的大事来抓，使各项农业经济得到较好发展。全县粮食播种面积达到 220 399 亩。此外，该县继续坚持把畜牧业作为农业结构调整的主导产业，以市场为导向，以产业化发展为目标，狠抓疫病防治、健全良种建设、推广标准化饲养、大力实施科技兴牧战略，促进了畜牧业生产方式的转变和畜产品生产能力的提高。该县全年完成国内生产总值（GDP）52 904 万元，第一、第二、第三产业占 GDP 的比重调整为 29.2：19.7：51.1。在国家实施新一轮西部大开发和桥头堡建设的重大历史机遇下，佤族地区将依托优越的区位条件，利用自身优势资源，调整产业结构，缩小地区和城乡差距，改善人民群众生活，构建和谐社会和全面建设小康社会，把阿佤山区建设成为民族团结、社会和谐、经济发展、社会进步的示范区。

第二节　木鼓节和“摸你黑”狂欢节带动了第三产业快速发展

阿佤山区有着丰富的自然资源和人文资源。长期以来，由于交通闭塞、地区经济落后，旅游产业在云南全省范围内存在开发晚、起步低、投入不足、基础设施不完善、难以适应旅游产业发展需要等问题。但近年来云南西盟、沧源两县在政府政策引导下，旅游产业迅速崛起，并带动了第三产业快速发展。

一、“木鼓节”开启了阿佤山区旅游业发展的新时代

1994 年，西盟佤族自治县全县旅游业收入仅 1.6 万元，游客多以公务、经商为主要目的，旅游只是附带的行为。西盟县在第九次党代会及第九次人代会上提出了把阿佤文化兴县作为战略思路之一，通过弘扬阿佤文化，发展旅游业，努力把旅游业培植成后续产业。2003 年 4 月举行的“首届中国西盟木鼓节”让西盟的知名度一夜之间大增，101 家各级媒体对“首届中国西盟木鼓节”进行了多方位的报道。在木鼓节的宣传影响下，2003 年“十一”黄金周期间即吸引了 6500 人次的旅游者慕名前来西盟旅游度假。通过木鼓节，通过媒体的宣传，西盟吸引了越来越多的人踏上这片古老神奇的土地，开启了弘扬佤文化，发展旅游业的新时代。

除了佤文化的隐秘魅力外，阿佤山区崇山连绵，尤其是冬春早晨浩瀚的佤山云海，气势磅礴，蔚为壮观。在阿佤山区的高山峡谷中，成片的原始森林和次生林广布于高山、谷地和村寨周围，构成了“山高入云路通天，竹林深处有人家”的独特景观。

依托独特的自然旅游资源和丰富的民族文化资源，西盟佤族自治县于2003年制定了《西盟佤族自治县旅游发展规划（2003～2020年）》和《西盟佤族自治县旅游发展“十一五”计划和2020年远景规划》。于2006年完成了“木依吉神谷”、“勐梭龙潭（含龙摩爷圣地、永克洛园、司岗里佤族村庄）”、“里坎瀑布”三个重点旅游景区（点）详细规划设计。2008年初步完成了“司岗里佤族部落（佤文化园）”等一批重点项目的概念设计和平面规划及“勐梭龙潭、龙摩爷”等景区的改造提升规划设计。2010初完成了“博航自然村”旅游总体规划。2011年，西盟共接待国内外游客142 117人次，实现旅游总收入1749.81万元。以旅游业为动力的第三产业成为推动西盟经济快速增长的主导力量，全年实现增加值27 053万元，占生产总值的比重达到51.1%。

二、狂欢节带动旅游业新发展

继2003年4月云南省西盟佤族自治县举行“首届中国西盟木鼓节”后，2004年，沧源佤族自治县以佤族创世史诗“司岗里”及佤族最隆重的节日“卧”为基础，隆重推出“中国佤族司岗里摸你黑狂欢节”。通过近10年的提升打造与经营，“中国佤族司岗里摸你黑狂欢节”成为云南民族节日的骄傲，获得了一系列的殊荣。2007年被评为“云南省最具影响力的民族狂欢节”的同时，相继获得“中国十大魅力节庆活动”称号及中国会展界最高奖“金海豚”奖。2009年在“第二届‘节庆中华’暨新中国60年中国节庆巡礼”系列活动中获“最佳狂欢气氛奖”，成为世界参与人数最多的接触类狂欢节，沧源佤山也被人民网评选为“最具民俗文化特色旅游目的地”。

佤族是一个崇尚黑色、以黑为美、古朴彪悍、充满着神秘色彩的

民族。“摸你黑”（mohninheui）取意于佤族民间用锅底灰、牛血、泥土涂抹在额头上以驱邪祈福求平安的习俗。在狂欢节上，用的是纯天然药物配置的涂料，参加狂欢的人们互相涂抹，相互祝福。司岗里摸你黑狂欢节期间，每届都会举办大型文艺活动，主要活动有大型开幕式佤族歌舞文艺演出，数万人激情狂欢摸你黑，观众和游客参与的民族艺术游演，万人祭拜古崖画，千歌万曲唱佤山，摸你黑激情大通关，篝火狂欢夜，走进“司岗里”佤族歌曲演唱会，佤族传统乐器挖掘、制作、演奏大赛，祭牛魂等精彩丰富的系列民族民俗活动以及大型商业展销活动。

作为中国佤族最古老的习俗，“中国佤族司岗里摸你黑狂欢节”欢庆歌舞延续数日，其激情魅力吸引了大量游客，也带动了沧源旅游业的跨越式发展。2010 年 5 月，来自世界五大洲 27 个国家的国际游客进入沧源参加“摸你黑”狂欢节，全长 2270 米的司岗里佤王宴和 1.89 万人参与的“摸你黑”狂欢活动一举打破了世界纪录，荣获了“世界上最长宴席”、“世界参与人数最多的接触类狂欢节”两项世界纪录和 2010 年“最佳狂欢节”称号。在北京人民大会堂，沧源荣获国家旅游局和人民网等多家单位历时一年多时间评选出的“中国最具民俗文化旅游目的地”殊荣。2011 年，沧源佤族自治县全年接待国内外旅游人数 63.74 万人次，实现旅游业总收入 31 717 万元，第三产业增加值完成 63 301 万元，占国内生产总值的比重达到 36.4%。

在旅游开发中，沧源佤族自治县围绕“世界佤乡”开发主题，发挥资源优势，把旅游业发展列入经济社会发展“十二五”规划当中。成功打造出崖画谷 AAAA 级景区、翁丁原始部落 AAAA 级景区、南滚河国家公园、南亚风情小镇、永让温泉度假区五大景区，建成一批高星级酒店和休闲娱乐设施场所。

三、文化产业凸显强大发展前景

佤族有着历史悠久的民族文化，如神秘的通天神器木鼓、古老的《司岗里》传说，但是新中国成立以前，佤族地区基本上没有文化产业。20 世纪 90 年代开始，阿佤山区在党和人民政府的关怀帮助下，充分挖掘自身资源和优势，让阿佤文化特色日见彰显，佤族地区文化产业凸显出强大的发展前景。

进入 21 世纪以来，西盟佤族自治县确定了以民族文化、生态旅游、城镇和精神文明建设为主体的“阿佤文化兴县”发展战略。以佤族文化为核心，以佤族风情、生态旅游、边境旅游为重点，在继承弘扬优秀民族文化传统的基础上，阿佤文化特色日见彰显。近几年成功举办了中国佤族木鼓节及思茅市首届少数民族传统体育运动会，《木鼓欢歌》、《情铸司岗里》、《司岗里传奇》、《云海木鼓》等一系列大型文艺展演节目及佤族民间歌舞、佤族古乐、佤族烤茶的成功展示，显示出西盟日趋成熟的策划、组织和演出能力。各种接待演出和剽牛、祭拜龙摩爷等重大文化活动，对宣传、拉动、推介阿佤文化，带动相关产业，实现文化产业的可持续发展，起到了积极而深远的影响。《木鼓欢歌》（上、下）、《佤山魂》（上、下）、《阿佤人民唱新歌》等作品的推出也取得了良好的社会效益和经济效益。由广西电影集团有限公司、云南普洱市、华夏电影发行有限责任公司等共同摄制发行的电影《阿佤山》被国家广电总局列为 26 部迎接党的十八大重点国产影片之一。

沧源文化产业起步于改革开放之初，在 20 世纪 90 年代得到迅速发展，尤其以演出娱乐业、民族工艺品制造业、民族文化旅游业发展较为突出。沧源成立了中国佤文化研究中心，建成了文体广场、民族文化生态村、佤山公园等一批文化基础设施和旅游景点景区。县文化

剽牛　（谢坚摄）

歌舞团创作演出的《木鼓舞》、《薅秧舞》、《加林赛》、《月亮升起来》、《刀舞》、《拉木鼓》、《古崖奇歌》、《请到佤山做客来》、《高格龙勐》等在国内外得到广大观众好评。其中，《木鼓舞》被收入香港凤凰电影制片厂摄制的《云南风情奇趣录》中，《高格龙勐》在《民族舞蹈》刊物上作了专题发表。被授予“佤山乌兰牧骑”荣誉称号的县文工队所创作的“动感风情”的佤族歌舞，曾在“云南首届民族民间文艺调演”中一举夺得金奖一个，银奖两个，铜奖一个。目前，沧源佤族自治县先后被云南省人民政府授予“万里边疆文化长廊建设先进县”、“文化先进县”等荣誉称号。沧源别具一格的舞蹈和独树一帜的声乐，使沧源成为我国当之无愧、名副其实的歌舞之乡。

第三节 同源同族跨界往来与边境贸易的发展

佤族属于跨界民族，境内外佤族有着共同的起源，都起源于阿佤山区巴格岱。云南省内佤族聚居的沧源佤族自治县和西盟佤族自治县都是边境县。国内的佤族与境外的佤族跨界而居，同文同种。

一、跨界民族的和睦相处

国内佤族的主要聚居地沧源佤族自治县南部与缅甸接壤，国境线长 147.083 千米，属国家二类边境口岸，西盟佤族自治县西部与缅甸交界。佤族是一个跨界民族，在中、缅、泰等国均有分布。缅甸的佤族主要分布在与中国云南省接壤的缅甸掸邦第二特区等地，大多居住在山区，塔定、囊秋湖周围、山同、宋嘎洛曼等地是缅甸佤族的主要聚居区。此外，还有部分佤人居住在勐农和景栋地区的丛林中。据云南省社会科学院贺圣达研究员的估计，21 世纪初缅甸佤族人口约 30 万人。泰国通常称佤族为拉佤人，主要居住在清迈、清莱、夜丰颂、南奔、南邦、程逸等府。

中缅两国的佤族人民同源同种。中缅两国的佤族人世代友好、和睦相处。

二、同源同族跨界往来促进了边境贸易的发展

利用同源同族跨界往来的便利，近些年来佤族地区边境贸易发展显著。2011 年，西盟佤族自治县实现通道货运量 6.5 万吨，边贸进出口总额达到 5700 万元，同比增长 4%。近年来，沧源佤族自治县充分调动边境小额贸易企业的积极性，外贸企业的对外经济贸易能力得到

加强，提升了境外市场拓展能力、贸易人才培训能力、企业业务能力和对外商的服务水平。2008 年，实现进出口贸易总额 21 607 万元，2009 年实现 25 375 万元，2010 年实现 33 565 万元。边境小额贸易的繁荣发展，为沧源对外经济合作交流、边疆经济发展做出了贡献。

第七章

结　语

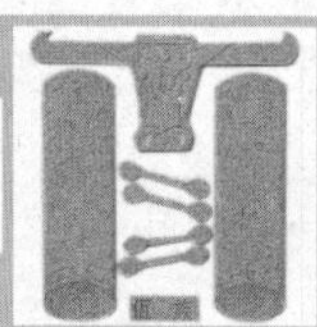

新中国成立以来，佤族地区的经济社会发展水平明显提高。佤族人口数量也从新中国成立时的二十几万人发展到现在的40余万人。但是，如何协调人口、经济、环境与发展之间的关系，实现阿佤山区的可持续发展，是人口与发展需要解决的重大问题。

一、佤族地区人口发展面临的历史机遇

2009年7月，胡锦涛同志考察云南省后提出把云南建成中国面向西南开放的重要桥头堡。“桥头堡战略”是推进我国向西南开放、实现睦邻友好的战略需要，也是云南推进“兴边富民”工程、实现边疆少数民族脱贫致富奔小康的现实需要，对促进云南经济社会又好又快发展具有重大意义。2011年5月，国务院颁发的《国务院关于支持云南加快建设面向西南开放重要桥头堡的意见》中明确指出：“以玉溪、普洱、景洪等城镇为载体，重点发展农林产品深加工、生物产业、商贸旅游服务为主的产业集群，务实推进大湄公河次区域合作。”阿佤山区处在“桥头堡”建设的前沿，区位优势明显，西盟、沧源均是全国通

往东南亚、南亚的主要州县市，具有“桥头堡”对外开放的前沿性、重要性和带动性特点。阿佤山区的发展又面临着新的发展机遇。

二、佤族地区人口发展面临的严峻挑战

佤族地区经济社会发展既有众多的机遇，也同样面临着严峻的挑战。一是佤族人口文化素质明显低于全国和云南省的平均水平。这主要有两方面原因。一方面是由于历史上佤族对文化知识重视不够，另一方面是由于佤族人民的收入水平不高，低于全国平均水平，只能满足基本生活生产，就不愿加大对青少年的教育投资。根据第六次全国人口普查资料，2010 年全国佤族 6 岁以上人口占总人口的 13.76%，高于汉族 9.05 个百分点，大学专科学历以上人口仅占总人口的 2.54%，低于汉族 7.2 个百分点。

阿佤山区资源环境脆弱，平地少、山地多，人口承载力十分有限。佤族主要聚居区西盟、沧源均是国家扶贫开发工作重点县。西盟佤族自治县土地总面积为 1353.57 平方千米，境内除勐梭有一块 3000 亩平坝外，其余均为山地。而沧源佤族自治县土地总面积 2445 平方千米，其中山区占总面积的 99.2%，坝区占总面积的 0.8%。可见，人口、资源、环境与发展的矛盾日益突出。

三、佤族人口与经济、社会、资源、环境的协调发展

经济发展和社会发展是可持续发展的途径和调节器。可持续发展要求人口、资源、环境与发展相协调，而人口与经济的发展关系最为密切，人口是经济社会活动的主体，经济是人口存在和发展的基础。没有一定数量、质量、密度和结构的人口，经济社会就不可能正常发展。而如果人口数量增长太快，人口规模过大，使得经济增长速度赶

不上人口增长的速度，那么，不仅会制约经济的发展，也不利于人口自身的发展。

自然环境是人类生存和发展的基础。自然环境孕育了人类社会，并为人类提供了一切生产生活资料。但是，人类要创造一个良好的生存环境，就必须使自己的活动行为符合自然生态环境的要求，保持生态环境的平衡。这种平衡包括人口与自然的平衡。如果人口的数量超出自然环境所能承受的能力，人口的活动行为使自然生态遭到严重破坏，那么不仅不利于人类社会的发展，甚至威胁到人类自身的生产。因此，佤族地区的人口问题是和生态环境问题紧紧联系在一起的。

佤族地区虽然有丰富的自然资源，但是这也容易使人们产生严重依赖自然的倾向，也就是通常的“靠吃大自然利息”生活，不能充分发挥人的主观能动性。新中国成立后的相当时间内，一些佤族群众仍沿袭传统的刀耕火种的农业耕作方式，农业产量比较低，因此很难摆脱贫困，更难走向富裕。优越的自然环境使人们获取生活资料（这里指生存的资料）比较容易，也使人们盲目发展人口，造成人口膨胀。因此，推动佤族人口的发展，必须要达成与经济、社会、资源、环境的协调发展。

虽然在前行的路上还会遭遇困难与阻碍，但是在党和政府的坚强领导下，依靠正确的民族政策，紧紧把握改革开放带来的发展机遇，佤族人民必将迎来更加光明繁荣与和谐的未来。

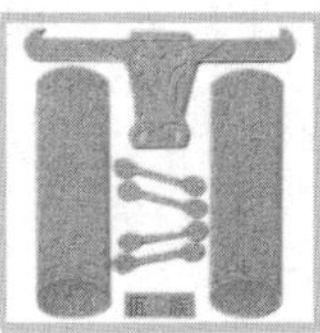

参考文献

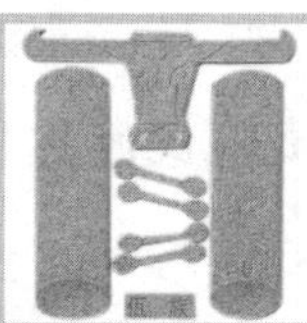

1. 李竞能．人口理论新编．中国人口出版社，2007

2. 李竞能．现代西方人口理论．复旦大学出版社，2004

3. 佤族简史编写组．佤族简史．民族出版社，2008

4. 田雪原主编．中国民族人口·第二十六卷·佤族人口．中国人口出版社，2005

5. 佟新．人口社会学．北京大学出版社，2003（第二版）

6. 张天路．中国少数民族社区人口研究．中国人口出版社，1995

7. 张天路．民族人口学．中国人口出版社，1998

8. 张亚锦，刘金吾编著．佤族景颇族舞蹈．云南人民出版社，1994

9. 赵富荣．中国佤族文化．民族出版社，2005

10. 马寅初．新人口论．吉林人民出版社，1998

11. 国家民委民族问题研究中心．中国民族．中央民族大学出版社，2001

12. 李学良．滇南少数民族农耕文化研究．民族出版社，2006

13. 《中国少数民族》编写组．中国少数民族．民族出版社，2009

14. 周家瑜．黄佤——独特的佤族支系．今日民族，2007（9）

15. 周家瑜．云南“黄佤”婚恋习俗的传统与变迁．中南民族大学学报（人文社会科学版），2009（6）

16. 周家瑜．母系父系交织的婚姻——黄佤婚姻缔结形式探析．黑龙江民族丛刊，2010（6）

后记

在近些年的教学与研究过程中，作为跨界民族的佤族是我一直关注的主要民族之一，佤族主要聚居地区的阿佤山区也是我在研究边境少数民族地区经济社会发展时高度关注的边境地区之一，中国人口出版社决定出版中国少数民族人口系列丛书给了我一个深入研究佤族经济社会发展的良好机会。

民族人口学是人口学的重要分支，也是民族学与人口学的交叉学科。编著出版中国少数民族人口丛书在中国具有重要的现实和政治意义。在本书的写作过程中，我既深感意义重大唯恐难以胜任，同时又深为佤族古老的民间史诗传说《司岗里》，神秘的巴格岱溶洞，留下远古佤族人民生产生活印痕的沧源崖画，指导生产生活的“星月历”，以及久远的万物有灵信仰，神秘的魔巴咒语，奇异的通天神器木鼓，勇武的剽牛，奇异的猎头祭谷，如醉如狂的舞蹈，虔诚野性的信念，热烈赤诚的祭拜，极富特色的连名制，热情好客的酒礼，“摸你黑”狂欢节，摇曳身姿的董棕林及返璞归真的翁丁佤寨所吸引和震撼。佤族是一个充满激情而又不失浪漫的民族，他们以落拓不羁的性格、神奇动人的风俗，赋予了阿佤山区绚丽多姿旖旎无比的景致、旷世久远的意境与惊奇、独具特色的生机与魅力。

在本书的写作过程中，云南师范大学的李嘉佳、蒋梅英参与了本书的编撰，云南临沧师范高等专科学校的肖红云、谢坚，广州集成图像有限公司和民族画报提供了佤族的相关照片，中国人口出版社给予了诸多的帮助与指导，还有本书所引用文献的作者以及因难以确定确切文献出处而未标注的作者给予了我诸多的启迪，在此一并致以诚挚的谢意。

诚然，由于诸多的原因，本书仍存在一些不足之处，甚至是错误之处，恳请大家及读者不吝赐教。

能理然

2012 年 10 月于昆明